宝鸡文理学院一流专业建设专项"思想政治教育专业创新型人才培养模式探索与实践"项目资助

陕西省高校本科教学质量工程"思想政治教育专业综合改革"项目成果

思想政治教育专业
创新型人才培养模式探索与实践

石玉平 杨福荣 刘 刚 著

中国社会科学出版社

图书在版编目（CIP）数据

思想政治教育专业创新型人才培养模式探索与实践/石玉平等
著.—北京：中国社会科学出版社，2017.11
ISBN 978-7-5203-1277-6

Ⅰ.①思…　Ⅱ.①石…　Ⅲ.①高等学校—思想政治教育—人才
培养—研究　Ⅳ.①G641

中国版本图书馆 CIP 数据核字（2017）第 257995 号

出 版 人	赵剑英
责任编辑	李庆红
责任校对	杨　林
责任印制	王　超

出　　版	中国社会科学出版社
社　　址	北京鼓楼西大街甲 158 号
邮　　编	100720
网　　址	http://www.csspw.cn
发 行 部	010-84083685
门 市 部	010-84029450
经　　销	新华书店及其他书店

印　　刷	北京明恒达印务有限公司
装　　订	廊坊市广阳区广增装订厂
版　　次	2017 年 11 月第 1 版
印　　次	2017 年 11 月第 1 次印刷

开　　本	710×1000　1/16
印　　张	14
插　　页	2
字　　数	209 千字
定　　价	58.00 元

目　　录

第一章　思想政治教育专业现状

目前，全国大多数高等院校均设立了思想政治教育专业，承担着培养思想政治教育学科教学、科研人才和思想政治工作专门人才以及为马克思主义理论一级学科输送研究生生源的任务，其地位无可替代。与此同时，该专业以其独有的学科特点，在我国社会主义建设和发展中发挥着重要作用。

一　思想政治教育专业概况

专业不同于学科，从内涵上看，学科是对原有知识体系的创新和发展。思想政治教育专业是指思想政治教育学科与该专业人才培养的结合，更侧重于运用思想政治教育学科的知识体系来培养社会发展所需要的相关职业人才和学科发展所需要的专业人才。从外延上看，专业发展是学科建设的重要构成，只有专业发展了才能源源不断地为学科发展输送专业专门人才。因此，从这一角度出发，思想政治教育专业是指"在高校中专门培养相关专业人士的组织形态，这种组织形态主要由培养目标、课程设置、社会实践活动训练、专业和准专业人士（教学、科研人员和各类学生）等要素构成，并通过一定的组织体制和组织结构得以体现"①。

介于此，思想政治教育专业的学生在高校教学和管理人员的组织

---

① 邱柏生：《试析思想政治教育专业建设的有关问题》，《思想教育研究》2012 年第 9 期。

下，按照培养目标的要求，在科学合理的课程设置下系统学习马克思主义及中国化相关理论和思想政治专业的基本知识，并且接受该专业技能与方法的训练与熏陶，学会从事思想政治工作的基本方法，最终成为能在各单位从事思想政治工作的专门人才。同时，因为在马克思主义理论学科中，思想政治教育专业是唯一的接续培养本科、硕士和博士研究生的二级学科，所以思想政治教育专业的本科教学还必须考虑为马克思主义理论类研究生输送生源。

（一）思想政治教育专业的培养目标

1952 年，思想政治教育专业的前身——政治教育专业，是以培养中等学校政治理论课师资为目标，主要在一些师范类院校开设。1984年 4 月，开始逐步设置非师范类的思想政治教育专业，以培养思想政治工作专门人才为目标。1998 年，教育部又把其分为师范类和非师范类，师范类的培养目标是思想政治教育学科教学、科研人才。非师范类则以培养思想政治工作专门人才为目标。随着国家教育体系的完善，2005 年思想政治教育专业被重新划分为马克思主义理论一级学科下的二级学科，因此，它还承担着为马克思主义理论一级学科输送研究生生源的任务。

思想政治教育专业经过 30 余年的发展，其培养目标分类日趋多样化，从"专门人才"向"应用型人才"和"复合型人才"发展；从专业政工干部向教师、科研人员以及党政机关企事业单位的宣传组织管理工作者发展，其培养口径不断放宽。思想政治教育学科初建时的培养目标是：使学生成为德智体全面发展及"又红又专"的思想政治工作的专门人才；使具有高等专科文化程度的高等学校思想政治工作干部，进一步提高马列主义理论水平和政策水平；进一步提高科学文化水平和从事思想政治工作所必需的专业知识和能力[①]。当时的招生对象大部分为应届优秀毕业生、党政机关在职干部、工矿企业优秀青年以及其他本科专业立志于从事思想政治工作的优秀学生。在职人

---

① 教育部思想政治工作司：《加强和改进大学生思想政治教育重要文献选编（1978—2008）》，中国人民大学出版社 2008 年版，第 33 页，第 38 页，第 186 页。

员毕业后必须回原单位，继续从事思想政治工作或思想政治教育专业的教学和科研工作，努力成为思想政治工作的高级人才、思想政治工作骨干和德育工作者。1993 年 2 月 23 日，全国高校思想政治教育工作会议提出"思想政治教育专业应从全社会的需要来确定培养目标，把学生培养成有马列主义理论根基、知识面广、有实践能力的应用型通才，培养在党政机关、学校、企事业单位从事思想政治工作的各级专门人才"①。1998 年，思想政治教育专业招生分为两个类别，即师范类和普通类。普通类专业主要培养"具备马克思主义基本原理和思想政治教育专业知识，能在党政机关、学校、企事业单位从事思想政治工作的专门人才"；师范类专业主要培养"具有较高的政治素质、道德素质和马克思主义素养，具备哲学、法学、政治学、管理学等多学科基本理论知识，能在中等以上学校从事马克思主义理论与思想政治教育学科的教学、科研的高级专门人才"。2012 年的《普通高等学校本科专业目录和专业介绍》指出："本专业培养具备良好的政治理论素养、思想道德素质和科学文化素质，既能在学校和科研机构从事本专业的教学、研究工作，又能在党政机关和企事业单位从事以本专业为基础的宣传、组织、管理、思想政治工作的复合型人才。"② 在思想政治教育专业人才培养实践中，目前的培养目标主要有以下几类：中学政治课教师；高校思想政治理论课教师、辅导员；思想政治教育科研工作者；党政机关企事业单位思想政治教育宣传和管理工作者。综合各方面因素影响，思想政治教育专业应该以培养"一专三能"的复合型人才为培养目标："一专"，即各级各类学校专业的思想政治教育学科教学人才；"三能"，即能成为合格的马克思主义理论一级学科的研究生生源，能有效地开展社会各界的思想政治工作，能胜任党政机关的综合管理工作。根据上述国家政策，这里只阐述"一专"和"两能"。

---

① 冯刚、沈壮海主编：《中华人民共和国学校德育编年史（1984—2009）》，中国人民大学出版社 2010 年版，第 700 页。

② 中华人民共和国教育部高等教育司：《普通高等学校本科专业目录和专业介绍（2008）》，高等教育出版社 2008 年版，第 49 页。

1. 为各级各类学校培养思想政治教育学科教学人才

思想政治教育专业是关于思想政治的教育学科，与其他师范类专业如数学教育、英语教育等相同，是为各级各类学校培养政治教师的专业。

第一，师范类思想政治教育专业培养目标在 1998 年就被定位为"能在中等以上学校从事马克思主义理论和思想政治教育学科的教学、科研的高级专门人才"。这就决定了该专业要为中等及以上学校培养思想政治教育学科教学人才。受高学历趋势的影响，高中政治课教师开始倾向于研究生学历，推动了教师队伍整体学历层次的提高。但目前大部分高中学校还是要求以大学本科学历为主。

第二，针对小学阶段思想政治教育学科的教学人才，逐渐淘汰原来的中专和大专学历，开始要求本科学历，所以思想政治教育专业还要为小学阶段培养思想政治教育学科人才。另外，受就业压力影响，一些非师范类思想政治教育专业的学生也通过考取教师资格证走向教师行业，从事思想政治学科的教学。

第三，一些专业素质过硬和能力较强的思想政治教育专业毕业生还会到一些高职和民办院校从事高校"两课"教学和辅导员工作，这也是一种对口就业方向。但是，在对学历要求越来越高的当今社会，高职类院校也开始招聘研究生学历的毕业生。但从目前来看，这是该专业学生将来就业的理想选择之一。总之，目前师范类思政专业的培养目标包括：小学和初中思想品德课教师，高中政治课教师，高等学校"两课"教师或辅导员等。

2. 为马克思主义理论一级学科的研究生输送生源

一个专业主要接受了哪个学科的理论素养教育才能为哪个学科输送合格生源。只有接受了某个学科思维方式的教育，才能更好地胜任该学科的理论研究工作。思想政治教育专业本科教学的一个重要任务就是对学生进行马克思主义理论素养教育，为其输送专业对口、功底扎实的研究生生源。马克思主义理论一级学科包括六个二级学科，而这六个专业在本科阶段只开设了思想政治教育专业，所以马克思主义理论一级学科的生源从专业是否对口来看是相当紧缺的。思想政治教育专业接受的是系统的马克思主义理论教育，拥有较好的相关理论素养，为研究生阶段从事马克思主义理论的相关研究打下了坚实的基础，是唯一针对马克思主义理论学科进行系统培养并输送与之对口的研究生生源的专业。因此，思想政治教育专业必须"立足于马克思主义理论一级学科开设课程，否则就难以担当为其他四个（现在为五个）二级学科输送合格研究生生源的重任"①。

3. 为社会各界培养思想政治工作人才

思想政治教育专业非师范类的培养目标就是为社会各界培养思想政治工作专门人才。但是，受就业压力的影响，师范类的毕业生有的也并未进入学校从事教学工作，而是从事思想政治工作。在当今社会，国家的政治建设不仅受到来自国内的经济改革和文化改革的影响，而且还受到国外各种多元文化思想的影响，国家主流意识受到侵蚀。因此，思想政治教育专业更应该为我国培养适应时代形势和发展需求的思想政治工作人才，其触角应延伸到社会各行各业，为社会各界培养思想政治工作人才。但是，解决问题必须抓住重点，抓住问题的关键才能迅速有效地解决问题。因此，思想政治教育专业主要针对以下四类单位进行人才培养：

（1）各级各类学校。

每个人都必须接受学校教育，抓好学校教育阵地就等于对每个人都进行了最基础、最牢靠的思想教育。不同阶段的学校，思想政治教育的主要任务是不同的。比如在小学阶段，以塑造个人良好的品德素养和心理素质为主；而在初中阶段，则要引导和带领学生形成自我认同并内化的初级的科学"三观"理念。为此，思想政治教育专业必须努力提高培养规格，为各级各类学校培养专业的政治教育人才。随着我国受教育水平的提高，高等教育日趋大众化，学校在思想政治教育中的优势日益凸显，特别是高校，历来是思想最为活跃的地方，也是最容易出问题的地方。因此，必须牢牢地守住高校这块思想政治教育

---

① 白显良：《人才培养视野中的思想政治教育学科定位——再论思想政治教育的学科定位》，《思想理论教育》2008 年第 1 期。

不断发展成熟的沃土。

（2）党政军机关。

第一，思想政治教育专业是直接服务于党的建设的，为了给党的建设和发展创造环境和培养人才，该专业培养的人才具备较高的政治素养，从事与思想政治密切相关的工作。

第二，具有中国特色的思想政治教育专业最生动地体现在中国共产党对党政军机关的绝对领导上。政府是由立法、司法和行政三个机关组成的，但无论哪个系统，都是由党组织进行思想领导、政治领导和组织领导的，以确保国家各项工作都有条不紊地运行。以"三湾改编"为标志，我党在历史上实现了对军队的绝对领导，党的十六大报告指出"党对军队的绝对领导是我军永远不变的军魂"，思想政治工作也是党实现对自身领导的基本手段，党就是通过全面有效的思想政治工作协调各方统筹全局的。只有党组织首先保证方向的正确性，才能从根本上保证国家各项工作科学合理地规划，正常有序地进行。

第三，只有做好党政军机关的思想政治教育，党才能成为政治建设和军事建设紧紧围绕的中心，顺利实现我们建设中国特色社会主义的共同理想。

（3）企事业单位。

企事业单位一直是国家思想政治工作阵地的重要组成部分，是思想政治教育不可忽视的重要方面。当前，各种非主流思想充斥在我国部分领域，特别是企业这个利益组织，但共产主义社会的最终实现还要靠广大的无产阶级工人。相对于行政机构，思想政治教育在事业单位的控制较为松散一些。事业单位代表国家履行一些管理和服务职能，是服务型组织，但在其管理上也有严格的党组织领导。任何事业单位都要接受党的监督领导，都要接受思想政治工作者时时处处的教育。企事业单位是国家基本生活不可或缺的组织，控制着国家的经济命脉。必须充分发挥党的政治优势，加大企事业单位的思想政治工作力度，不断改进工作方法，抓住了这一重要阵地才能控制经济建设方向。为了达到理想的思想政治教育效果，提高企事业单位政治工作人员的素质才是关键，只有真正专业的思想政治工作人才走向企事业单位，真正深入到企事业单位的内部，针对存在的现实问题进行客观调查并做思想政治工作，才能使思想政治工作摆脱纸上谈兵的状态，使之走向科学化，实现针对性和实效性的完美结合。

（4）社会团体。

社会团体是党团结和联系社会各行业群众的重要纽带，是属于国家机器之外的中立组织或第三组织。在国外，这种社团组织发挥着不可替代的作用，是当代西方社会政治生活中不可或缺的重要组成部分。中国现有全国性社会团体近 2000 个，随着中国社会的不断完善，它们将会发挥越来越重要的作用。因此，必须对社会团体地位做出科学的预见，提前抓住社会团体这一有力帮手，更好地宣传马克思主义，发挥凝聚作用，促使社会各行业真正认识到社会主义的优越性，全心全意建设社会主义。

（二）思想政治教育专业的学科特点

不同学者从不同方面，都对思想政治教育专业的特点进行了个人独到的概括，在总结学者研究成果的基础上，笔者认为，思想政治教育专业是以马克思主义理论为基础的，研究人的思想意识形成、发展规律和实施思想政治教育规律的一门应用性学科，具有很强的政治、思想、理论、实践和时代特征，是该专业区别于其他专业的本质属性。

1. 政治性

政治是政府治理国家的行为，在治理国家的过程中必须以维护人民和国家利益为基本活动原则，这种对人民和国家利益的维护就是政治性。思想政治教育专业的政治性是为国家政治建设服务的，既包括为国家政治建设培养人才，又包括为其提供舆论支撑。"政治性是它突出的特征，失去了政治性它就不再是'思想政治教育'"①。第一，思想政治教育专业要传播教育的是思想政治教育这一现象所具有的规律性，其知识体系本身就带有传播社会主义主流意识形态的倾向，这就在不自觉中为国家政治建设奠定了根基。第二，思想政治教育专业

---

① 刘建军：《思想政治教育学科建设》，《思想理论教育》2007 年第 21 期。

的教育离不开对国家时事政策的教育，这与国家政治建设紧密相连，为国家政治建设提供舆论支持。第三，思想政治教育专业培养目标既包括为各级学校培养政治学科教学人才，又包括为社会各界培养思想政治工作者，他们都将成为国家政治建设的中坚力量。思想政治教育专业的政治性主要是由思想政治教育实践活动的政治性决定的，因为其从事的是思想政治工作（包括教学活动），是直接为实现党和国家的政治任务做舆论先锋的。

思想政治教育专业教育目的就是要把学生培养成对社会主义有坚定信仰、敢于承担无产阶级历史使命的社会主义建设者。它是将政治性寓于知识教育中，即让学生系统学习马克思主义理论之后，自觉形成对社会主义的坚定理想信念，而不是一种强制灌输。但是，思想政治教育专业的政治性与其活动的政治性不能等同，二者是本质与表现的关系，其活动的政治性鲜明地体现着专业的政治性。思想政治教育专业的政治性要求该专业要始终贯彻国家主流意识形态，始终体现国家的政治要求，为国家政治建设服务。

2. 思想性

思想是思维运行活动的结果，最终形成理性认识，是属于意识范畴的，从根源上看，是由社会存在决定的。思想政治教育专业思想教育就是采用各种方法，通过各种手段使人们最终形成自己内心认可的科学理性认识。思想教育最重要的就是使个人形成正确的世界观、人生观和价值观，从而使受教育者更好地适应社会。思想性反映的是思想政治教育专业的特征，它要做的是人的思想工作，即通过有效方式传播政治、思想、法纪、道德、心理等方面的知识，使被教育者在头脑中形成对世界和人生的正确理性认识，最终帮助学生形成正确的世界观、人生观和价值观。这种思想性根源于它是一种思想教育，是一种意识方向的引导。

从思想政治教育专业角度看，思想教育内容主要包括"三观"教育、马克思主义的唯物论和辩证法教育、道德养成教育、艰苦奋斗精神教育等。思想政治教育专业必须以马克思主义一系列理论为基础，进行系统的相关理论教育才能体现其思想性。列宁曾强调指出，"在任何学校里，最重要的是课程的思想政治方向"①。因此，思想政治教育专业的课程内容必须突出思想性，以科学的思想政治观点统领教学内容体系，以确保其始终沿着正确的政治方向前进。

3. 理论性

学科理论性是指某学科有着深厚的理论支撑，必须进行深入的理论研究，它区别于实证研究学科。思想政治教育专业的理论性首先体现在它有着深厚的理论基础上，马克思主义是其源泉，以其理论为指导，并借鉴吸收其他学科的理论和方法。目前学界普遍认同"马克思主义是思想政治教育学的理论基础，是其建立和发展的根本条件，更是突出和把握这门学科特色的法宝"②。其次体现在研究对象上，它研究人的思想品德形成、发展、变化规律，并应用这一规律更好地进行思想政治宣传教育，使人们的思想不断朝着合格的社会人的各项要求转变，最终实现人的全面发展。思想政治教育专业把主流的政治理论和思想、道德、法制及心理等方面的教育过程作为研究对象，去揭示理论教育的规律。最后还体现在其研究方向上，任何一种研究方向都离不开深入的理论研究和创新探索。其理论基础是极其深厚的，研究对象和研究方向处处体现着理论性。总之，思想政治教育专业是一个理论研究专业，离不开大量的理论研究，为了突出其专业特色，要加强主流意识形态的理论研究、马克思主义基本理论的建设，以及如何使马克思主义实现大众化的宣传规律研究等。

4. 实践性

思想政治教育专业不仅具有理论性，而且更具实践性，正因如此才使将马克思主义理论价值付诸实践成为可能。纯粹的理论研究是没有任何意义的，理论研究的目的就在于要将之应用于实践中。思想政治教育专业的实践性体现在将思想政治教育方法和规律应用于现实生活中的具体人，以达到思想政治教育的应有效果。因此，该专业是

---

① 《列宁全集》第15卷，人民出版社1957年版，第438页。
② 李月玲、张莉：《思想政治教育学科定位再审视》，《安徽工业大学学报》（社会科学版）2010年第27期。

强调理论联系实际的，是一门实实在在的应用性学科。思想政治教育要走到生活中去，深入到人群中去，才能在社会生活实践中获得真知。

从另一角度看，思想政治教育专业是师范类与非师范类并存的专业，师范类的实践性还体现在要到中小学校中去实习，到实践中去检验所学到的思想政治教育理论并提升教育教学实践能力，为将来走向教学岗位做好准备。非师范类学生则要到各企事业单位中去锻炼自己，不断提高自身从事思想政治工作的能力。思想政治教育专业是一个注重生活经验与社会实践相结合的专业，一方面，学生通过自主参与各种社会活动，增长社会知识，提高生活技能，增强生活感悟，促进自身科学思想意识的形成和良好道德品质的培养；另一方面，通过实践锻炼，提高自身从事相关工作的能力。当今社会，各种非主流思想不断泛滥，各种突发问题不断涌现，思想政治工作人员要在理论宣传工作之余，走入人们的实际生活中，在讲授理论的同时注重切实地分析人们生活中存在的实际困惑，解决真正束缚人们思想发展的实际问题，提升思想政治教育在大众中的认可度，巩固思想政治教育专业的地位，使其得到更好的建设和发展。

5. 时代性

一个专业的时代性，就是指该专业内容必须与时代发展步伐相一致，随着时代发展而相应地不断变化，能够反映时代特征。思想政治教育专业的时代性体现在：第一，课程内容总是紧跟时代最新理论，该专业以马克思主义为理论基础，而马克思主义是不断发展更新的，思想政治教育理论紧跟时代发展的步伐，从毛泽东思想到邓小平理论，从"三个代表"重要思想到科学发展观再到和谐社会理论的逐步创立就是最好的体现。它是与时俱进的，总是补充国家的最新时事政策，传播最新政治观点，宣传国家主流思想。在我国，政治教科书是变化最快的，政治试题是紧跟国家时事政治的，这是时代性最突出的表现。

第二，思想政治教育任务总是与时代主题紧密相连的，在不同时代要进行不同主题的教育。在战争时期，主要进行保家卫国教育；在和平环境下，要进行经济建设宣传教育；在当今各种非主流社会思潮不断泛滥的时代环境下，则要进行国家大力倡导的主流意识形态的宣传教育。

第三，思想政治教育专业要科学预测时代发展趋势，理论的生命力就在于创新性，思想政治教育这一为国家政治建设服务的学科必须准确反映时代特征，"科学解答时代课题"，在此基础上"对时代发展的趋势进行科学的判断，充分发挥理论的指导作用"①，从而增强思想政治教育专业对当代社会发展的实效，体现其存在价值。

二　思想政治教育专业院校地域分布、办学层次与类型

经过 30 余年的建设，思想政治教育本科专业取得了长足的发展，已经成为我国高校人文社会科学重要的专业，但思想政治教育专业在地域分布上还十分不平衡，在学校层次上还需要进一步提升，学科实力还有待于加强，思想政治教育专业归属还应进一步明晰，人才培养方案还有待于进一步优化和执行。以 1984 年 4 月 13 日教育部下发的《关于在十二所院校设置思想政治教育专业的意见》（［84］教政字005 号）为标志，思想政治教育专业的发展进入了通过开办本科专业、培养专业化的思想政治教育人才的历史发展阶段。截至 1987 年教育部设立思想政治教育硕士点时，全国已经有 37 所学校设置了思想政治教育专业。1994 年，思想政治教育专业创办 10 周年时，全国共有 64 所高校开设了思想政治教育专业。1996 年，教育部设立马克思主义理论与思想政治教育专业博士点，思想政治教育专业形成了从本科、硕士到博士完善的学科体系。2005 年，国务院学位委员会下发了《关于调整增设马克思主义理论一级学科及所属二级学科的通知》

---

① 李安增、刘洪森：《高师思想政治教育专业课程体系改革的原则与思路》，《社科纵横》2012 年第 27 期。

（学位〔2005〕64 号），将思想政治教育专业划分为马克思主义理论一级学科目录下的独立二级学科，思想政治教育专业的发展实现了从本科专业、硕士点专业再到独立二级学科博士点专业的跨越。经过 30 多年的发展，思想政治教育本科专业现状如何，呈现出什么样的发展特点，以及在建设过程中存在什么样的问题，今后如何建设思想政治教育专业等，都是在新的历史起点上发展思想政治教育专业应该深入思考的问题。

根据教育部高校招生"阳光工程"指定平台"2015 年全国普通高校招生计划查询"（http：//gaokao.chsi.com.cn/zsjh）数据库和各院校官方网站，2015 年全国共有 233 所学校招生思想政治教育本科专业[①]，基本情况如下：

（一）思想政治教育本科专业院校地域分布情况

1. 思想政治教育本科专业院校省（直辖市、自治区）分布情况

开设思想政治教育本科专业的 233 所院校分布在 31 个省（直辖市、自治区）（如图 1 - 1 所示）：山东省 14 所，占开设思想政治教育本科专业院校总数的 6.0%；贵州省 13 所，占 5.6%；江苏省、湖北省、湖南省、四川省各 12 所，各占 5.2%；河南省、广东省、云南省、陕西省各 11 所，各占 4.7%；河北省、山西省各 10 所，各占 4.3%；内蒙古自治区、广西壮族自治区各 8 所，各占 3.4%；吉林省、黑龙江省、浙江省、重庆市、甘肃省各 7 所，各占 3.0%；安徽省、江西省各 6 所，各占 2.6%；辽宁省 5 所，占 2.1%；北京市、上海市、福建省各 4 所，各占 1.7%；天津市、海南省、新疆维吾尔自治区各 3 所，各占 1.3%；西藏自治区、宁夏回族自治区各 2 所，各占 0.9%；青海省 1 所，占 0.4%。

---

① 其中，丽水学院招生专业目录为教育学类（文科、师范）（含汉语言文学、思想政治教育、人文教育、小学教育、学前教育、英语等专业）；山东师范大学招生专业目录为政治学类〔含政治学与行政学、国际政治、思想政治教育（师范类）〕；菏泽学院招生专业目录为历史学类（含历史学、思想政治教育）；济南大学招生专业目录为政治学类〔含国际政治、思想政治教育（师范类）、行政管理、政治学与行政学〕；兰州大学招生专业目录为政治学类（含国际政治、政治学与行政学、思想政治教育）。

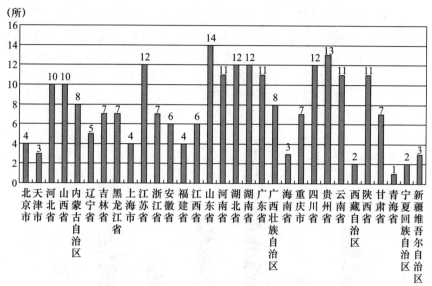

(所)

图1-1 思想政治教育本科专业院校省(直辖市、自治区)分布情况

2. 思想政治教育本科专业院校地区分布情况

233所思想政治教育本科专业院校分布于7个地区(如图1-2所示):华北地区(包括北京市、天津市、河北省、山西省、内蒙古自治区)35所,占开设思想政治教育本科专业院校总数的15.0%;东北地区(包括辽宁省、吉林省、黑龙江省)19所,占8.2%;华东地区(包括上海市、江苏省、浙江省、安徽省、福建省、江西省、山东省)53所,占22.7%;华中地区(包括河南省、湖北省、湖南省)35所,占15.0%;华南地区(包括广东省、广西壮族自治区、海南省)22所,占9.4%;西南地区(包括四川省、重庆市、云南省、贵州省、西藏自治区)45所,占19.3%;西北地区(包括宁夏回族自治区、新疆维吾尔自治区、青海省、陕西省、甘肃省)24所,占10.3%。港澳台地区(包括香港、澳门、台湾),本书未做统计。

(二)思想政治教育本科专业院校办学层次与类型

1. 思想政治教育本科专业院校层次分布

在全部233所思想政治教育本科专业院校中,院校层次分布情况

为："985 工程"院校 8 所，占 3.4%；"211 工程"院校 23 所①，占
9.9%；非"985 工程""211 工程"院校的普通院校 202 所，
占 86.7%。

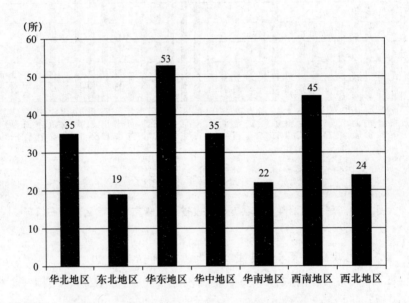

图 1-2　思想政治教育本科专业院校地区分布情况

2. 思想政治教育本科专业办学层次分布

对 233 所思想政治教育本科专业院校的办学类型进行分析，其
中：大学 91 所，占开设思想政治教育本科专业院校总数的 39.1%；
学院 139 所，占 59.7%；独立学院 3 所，占 1.3%。

3. 思想政治教育本科专业院校类型分布

在全部 233 所思想政治教育本科专业院校中，院校类型分布如
下：师范类院校 127 所，占思想政治教育本科专业院校总数的 54.5%；
综合类院校 77 所，占 33.0%；理工类院校 19 所，占 8.2%；其他类 10

_____

① "985 工程"院校均是"211 工程"院校，而"211 工程"院校并不一定是"985 工
程"院校。此处计算"211 工程"院校时，没有计入"985 工程"院校。

所，占4.3%①。

（三）思想政治教育本科专业院校学科建设情况

1. 思想政治教育本科专业院校的马克思主义理论一级学科博士点分布

对拥有思想政治教育本科专业院校的马克思主义理论一级学科博士点分布情况进行分析：在233所拥有思想政治教育本科专业的院校中，具有马克思主义理论一级学科博士学位授权点的院校有22所，占所有思想政治教育本科专业院校总数的9.4%；不具有马克思主义理论一级学科博士学位授权点的院校有211所，占所有思想政治教育本科专业院校总数的90.6%。

2. 思想政治教育本科专业院校的思想政治教育专业博士点分布

对拥有思想政治教育本科专业院校的思想政治教育专业博士点分布情况进行分析：具有思想政治教育专业二级学科博士学位授权点的院校有36所，占所有思想政治教育本科专业院校总数的15.5%；无思想政治教育专业博士学位授权点的院校有197所，占所有思想政治教育本科专业院校总数的84.5%。

3. 思想政治教育本科专业院校的马克思主义理论一级学科硕士点分布

对拥有思想政治教育本科专业院校的马克思主义理论一级学科硕士点分布情况进行分析：在233所拥有思想政治教育本科专业的院校中，具有马克思主义理论一级学科硕士学位授权点的院校有77所，占所有思想政治教育本科专业院校总数的33.0%；不具有马克思主义理论一级学科硕士学位授权点的院校有156所，占所有思想政治教育本科专业院校总数的67.0%。

4. 思想政治教育本科专业院校的思想政治教育专业硕士点分布

对拥有思想政治教育本科专业院校的思想政治教育专业硕士点分布情况进行分析：具有思想政治教育专业二级学科硕士学位授权点的院校有95所，占所有开设思想政治教育本科专业院校总数的40.8%；

---

① 其他类包括：政法类、民族类院校各4所，语言类、农业类院校各1所。

无思想政治教育专业硕士学位授权点的院校有 138 所，占所有思想政治教育本科专业院校总数的 59.2%。

三 思想政治教育专业招生与就业

思想政治教育专业招生政策是国家针对思想政治教育专业招生计划、录取计划、招收形式等做出的指导性方针。思想政治教育就业政策是国家为思想政治教育专业毕业生创造就业条件、扩大就业机会、维护毕业生和用人单位的合法权益，所制定的一系列指导方针和行为准则。新中国成立以来，思想政治教育专业招生与就业在国家总的高校招生就业政策指导下，受到具体的政治、经济、文化、人事制度以及学科专业特点等因素的制约，展现出了不同寻常的发展历程。

20 世纪 50 年代至 80 年代初：主要采取统招统分的形式。新中国成立后，从 1952 年开始，参照苏联的高等教育模式，开始进行普遍的专业设置，并采取全国统一招生、统一考试科目并命题、统一规定报考条件、统一规定政审和体检标准、统一规定新生录取原则等。同时，成立了全国高等学校招生委员会，各大行政区也成立了高等学校招生工作委员会。1954 年，我国颁布了《高等学校专业目录分类设置》，这是新中国成立以来的第一份专业目录分类，政治教育专业编号为 241。此后，思想政治教育专业招生代码、学科代码时有变更，一方面表明思想政治教育学科归属问题一直存在争议，另一方面也说明了思想政治教育专业招生录取的类别划分和录取批次。1955 年 7 月，根据中央指示，为保证第一个五年计划顺利实现，高等教育需要适应社会主义建设及国防建设的需要，必须同国民经济的发展相互配合。高等教育部在《关于 1955—1957 年高等学校院系调整有关事项的通知》中要求：学校的发展规模，一般不宜过大，高等工业学校应逐步和工业基地相结合。由此，文科、政法、财经、师范等文科专业所占比重急剧下降，有些文科专业被合并或撤销。1957 年，教育部在

《关于调整政治教育系科的通知》《关于政治教育系科1957—1958学年招生等问题的通知》两份文件中指出，部分高等师范院校的政治教育专业和历史教育专业合并，调整以后，北京师范大学、华东师范大学和东北师范大学的政治教育系继续招生，招生对象限于高中文化程度，参加工作二年以上的干部，如果招不足额时，可以招收部分高中毕业生。1957年招生名额每校以30—60人为宜。省市直接管理的师范院校政治教育系（科），各省市认为有必要也有可能继续招生的，也可以招生，如认为由历史系兼培养更符合地方需要，也可以采取由历史系兼为培养政治课师资的办法。至于招生名额、招生对象及毕业后的分配，统由各省、市自行规定和处理①。据不完全统计，1957年高师共有8个政教本科专业点，7个专科点，另外还有1个历史政治专科点。但是，第一个五年计划顺利完成后，第二个五年计划从1958年开始实施，提出多快好省建设社会主义，"大跃进"开始，各条战线提出许多脱离实际的建设任务和奋斗目标。高等教育为了适应和配合社会主义建设的需要，开始大力加强理工类高等教育，缩减文科教育规模，到1962年，文科生占在校生比例降到了7.6%的历史最低点，高师政治教育专业招生就业工作受到极大影响，直到"文化大革命"结束，才有所转变和提高。根据教育部文件初步统计，到1981年，高师有48个本科专业点，39个专科点，还有7个政史本科、11个政史专科，高师政治教育得以恢复并迅速发展。

20世纪80年代中后期至90年代中期：采取统一招生、保送推荐、单独招生、委托培养等多样化招生形式，及毕业实行统一分配、回原保送单位和委托培养单位等多种就业形式。1984年4月，教育部颁布了《关于在十二所院校设置思想政治教育专业的意见》，对思想政治教育专业招生对象、招生范围、招生形式、毕业就业等问题做了详细规定，之后在《关于在六所高等院校开办思想政治教育专业第二学士学位班的意见》（1984）、《关于在高等学校举办思想政治教育本

---

① 中华人民共和国教育部办公厅：《教育文献法令汇编（1957）》，人民教育出版社1958年版，第213—214页。

科班的意见》（1984）、《关于试办思想政治教育专业在职第二学士学位班的意见》（1986）、《关于思想政治教育专业本科招生工作几个问题的通知》（1989）等几份文件中，对四年制本科、专升本、二年制本科、第二学位等招生类型的相关问题均做了明确规定。1987 年 12 月，国家教委颁布了《普通高等学校社会科学本科专科目录》，正式将"思想政治教育"列入本科专业目录中，专业代码为 0804，属于"马克思主义理论、思想政治教育类"学科门类。1991 年 4 月，国家教委在《关于高等师范院校本科政治与思想品德教育专业改革的意见》中指出：为了实现政教专业本科培养规格的要求，要实行并逐步增加从政治思想好、具有高中文化程度和实践经验的各类青年中招收学生。努力做到每个班都有一定的学生骨干，也可以按有关规定选拔一些优秀应届中师毕业生，免试入学。对边远地区可招收部分定向生，也可对某些急需用人单位招收部分委托生。可从大专毕业生和具有大专水平的各类青年中，招收大专起点的二年制本科生，还可招收第二学士学位班。从有实践经验的青年中招收学生，报考条件和录取标准要做相应调整。对地（市）以上优秀教育工作者，可破格录取。

从政策内容来看，这一时期是思想政治教育专业创立，并且与高师政教专业并行发展直至合二为一的时期。国家为了鼓励思想政治教育专业的发展，在专业的招生类型、招生对象、招生方式、就业安排等方面，都出台了很多特殊政策，推动了思想政治教育专业的发展。

20 世纪 90 年代中后期至今：自主择业双向选择。1989 年 3 月，国务院批转国家教委《关于改革高等学校毕业生分配制度报告》中指出，国家对高校的招生规模和毕业生就业实行宏观管理，逐步实行毕业生自主择业，用人单位择优录用的"双向选择"制度。因此，20 世纪 90 年代中后期以后，思想政治教育专业本科招生毕业工作再没有单独的特别规定，思想政治教育专业基本都是按照国家相关的招生政策和毕业政策，同其他专业一样开展招生就业工作。

四　思想政治教育专业建设存在的问题

改革开放 30 多年来，思想政治教育专业取得了长足的发展和进步，思想政治教育专业作为我国人文社会科学新型专业地位已经得到了肯定，专业数量和办学质量得到了进一步提升，但在专业建设过程中，也存在着一些问题。从思想政治教育专业建设现状来看，问题主要体现在以下几个方面。

（一）地域发展不平衡

从思想政治教育本科专业分布地域来看，思想政治教育院校分布于全国 31 个省（直辖市、自治区）中，院校数量较多的省份有山东省 14 所，贵州省 13 所，江苏省、湖北省、湖南省、四川省各 12 所，河南省、广东省、云南省、陕西省各 11 所，河北省、山西省各 10 所，这 12 个省份共有 139 所院校，占院校总数的 60%。而海南省、新疆维吾尔自治区各 3 所，西藏自治区、宁夏回族自治区各 2 所，青海省 1 所，这 5 个省（自治区）仅共计 11 所，仅占 4.7%。由此可见，思想政治教育本科专业院校主要集中于中东部地区，而在西北、西南边疆地区分布较少。与历史学专业和汉语言文学专业相对照，以新疆为例，新疆维吾尔自治区 2013 年招生专业目录中，历史学专业的有 5 所院校，汉语言文学专业的有 11 所，均高于思想政治教育本科专业的 3 所院校。在高等学校比较集中的华北地区，思想政治教育专业相对比较偏少，存在着思想政治教育专业发展与地域高等学校发展不平衡的现象。

（二）学校实力有待提升

从开设思想政治教育专业的高校类型来看：在开设了思想政治教育专业的高校中，大学占 39.1%，学院占 59.7%，独立学院占 1.3%。从开设思想政治教育专业的院校层次来看："985 工程"院校 8 所，占 3.4%；"211 工程"院校（不含"985 工程"院校）23 所，占 9.9%；普通院校所占比例高达 86.7%。从开设思想政治教育专业的学校类型来看：师范类占 54.5%，综合类占 33.0%，理工类占 8.2%，其他类占 4.3%。从上述三个指标来看，思想政治教育专业所在高校大部分为二本院校，二本学院和独立学院所占比例达 61% 左右；从学校层次来看，"985 工程"和"211 工程"院校比例为 13.3%，而绝大多数为非"985 工程"和"211 工程"院校。从开设思想政治教育本科专业的学校类型看，存在着明显的不平衡，主要集中在师范院校和综合院校，主要是由于我国师范院校具有面向中学培养思想政治课程和思想品德课程教师的历史传统。1997 年教育部将创办于 20 世纪 50 年代初期的政治教育（师范）专业与思想政治教育专业合并，统一名称为思想政治教育，设置师范与非师范两个专业方向。但在师范院校思想政治教育专业建设过程中，依然保留着较为明显的中学思想政治课和思想品德课的特点。这些既是思想政治教育专业建设的现有历史传统，同时也是影响和制约思想政治教育专业按照马克思主义理论一级学科建设与影响思想政治教育专业转型的重要因素。

（三）部分学校学科实力相对较弱

从开设思想政治教育本科专业学科实力来看，一般而言，具有马克思主义理论一级学科博士点、思想政治教育博士点高校最具有开设思想政治教育本科专业的实力，但从 233 所高校学科实力分布来看，233 所本科院校中，具有马克思主义理论一级学科博士学位授权点的院校有 22 所，占 9.4%；不具有一级学科博士学位授权点的院校有 211 所，占 90.6%。具有思想政治教育专业博士学位授权点的院校有 36 所，占 15.5%；无思想政治教育专业博士学位授权点的院校有 197 所，占 84.5%。总体来看，全国具有思想政治教育专业博士学位授权点的单位共计 75 个，在拥有思想政治教育博士学位授权点的院校中开设本科专业的学校有 36 所，占 48%，开设思想政治教育本科专业的高校不足半数。从硕士学位授权点的院校情况来看，233 所高校中具有马克思主义理论一级学科硕士学位授权点的高校有 77 所，占 33.0%；不具有一级学科硕士学位授权点的院校有 156 所，占所有思想政治教育本科专业院校总数的 67.0%。具有思想政治教育专业二级学科硕士学位授权点的院校有 95 所，占 40.8%；无思想政治教育专业硕士学位授权点的院校有 138 所，占 59.2%。也就是说在思想政治教育本科专业院校中，近 60% 的院校没有思想政治教育学科点。大多数开设思想政治教育本科专业的学校缺乏思想政治教育学科实力。

（四）专业化程度有待进一步提升

从思想政治教育专业依托单位来看，大多数思想政治教育专业依托于政法类和政治类学院，占 63.1%；而以马克思主义学院或思想政治理论课教研单位为依托的有 61 所，占 26.2%；其他依托单位有 25 所，所占比例为 10.7%。思想政治教育专业知识结构主要依托政治学一级学科，而以马克思主义理论一级学科为依托单位的学校仅占少数。从思想政治教育专业课程设置来看，思想政治教育核心课程开设最多的为 16 门，而且样本中仅有 3 所院校，占院校总数的 10.0%；开设课程数量最少的 2 所院校仅开设了其中的 8 门课程，占院校总数的 6.7%；开设课程数量达到 12 门及以上的院校共计 23 所，占 76.7%；开设课程数量在 11 门及以下的院校共 7 所，占 23.3%。而有些高校虽然具有思想政治教育专业博士点，但在其本科培养方案中，科学社会主义、思想政治教育心理学、法学概论、教育学、心理学、中国文化、世界文化、马克思主义思想政治教育理论基础、思想政治教育方法论、思想政治教育史等必修课程均未开设。从各门核心课程开设情况来看，在专业课中同时开设马克思主义哲学、马克思主义政治经济学、科学社会主义三门课程的院校仅有 15 所，有半数院校没有达到这个标准。思想政治教育史开设率为 46.7%，思想政治教育心理学开设率为 23.3%，世界文化开设率为 13.3%，马克思主义思想政治教育理论基础开设率为 10.0%。根据开设思想政治教育专业院校的总体情况，选择了不同类型的 30 所院校作为样本。调查发现，30 所样本院校中竟有 3 所院校没有开设思想政治教育学原理课程；11 所院校没有开设思想政治教育方法论课程；16 所院校没有开设思想政治教育史课程。

第二章 思想政治教育专业人才培养方案沿革

　　人才培养方案是专业建设的核心内容，是指在特定的教育思想和教育理论指导下，对人才培养目标、培养规格、课程结构、教学内容、进度计划、考核评价等各环节要素进行综合设计而形成的操作性文本，它是指导学校进行人才培养和教学运行最重要的纲领性文件。人才培养方案的现实状况直接反映着高校的专业建设与办学水平，它不仅是专业开设和教学运行的重要文件依据，也是人才培养和质量提升的根本保证。专业人才培养方案是实现思想政治教育专业人才培养目标与培养规格的具体化、实践化形式，是实现人才培养目标和达到培养规格的基本途径，是全面提高人才培养质量的重要保证。一般包括人才培养规格、培养方向、教学安排、课程体系、职业要求、技能考核、实习实训等内容。制定专业人才培养方案是人才培养的首要环节，是按照人才标准与培养目标，以及人才能力和品德的形成发展规律，对培养过程、培养方式和课程体系的总体设计，是保证教学质量的权威性核心方案，是安排教学任务、进行教学管理的基本依据。人才培养方案质量的好坏，直接决定着专业建设的最终结果。

一　发展情况

　　新中国成立之初，政治教育专业被划归为高等师范（以下简称"高师"）教育类，政治教育专业人才培养方案、培养方向、教学要求等都紧紧围绕着高师政治教育专业培养目标展开。高师各专业的课程设置和教学计划一般包括政治理论课、外国语课、教育理论课、体育课、专业课5类课程，政治教育专业四年制本科时间分配包含课堂教学128周、考试12周、教育实习6周、科学研究6周、社会实践8周、机动4周、寒暑假44周，共计208周，开设外语、体育两门公共课，心理学、教育学、中学政治课研究三门教育课，开设中共党史、马克思主义哲学原理、科学社会主义等13门专业课①。之后，高师政治教育专业培养方案在具体实施过程中有过一些小的调整，但是总体大的方向没有改变。

改革开放以后，1984年4月，教育部在《关于在十二所院校设置思想政治教育专业的意见》中指出：本科学制四年，课程设置要从实现培养目标出发，使学生具有较高的马列主义理论素养和党的政策水平；较扎实的思想政治工作专业知识；文化科学知识面较广，尤其是文史知识；要重视群众思想工作、宣传鼓动工作、实践调查研究等实际工作能力的训练。各院校的专业必修课程设置应当统一，包括公共课、基础课、专业基础课、专业课、实践课共计28门必修课，其他必修课和选修课的设置，可以有各自的特点。学时总数不要超过一般文科的规定。毕业生达到毕业要求准予毕业，符合《中华人民共和国学位条例》规定的，授予学士学位②。针对思想政治教育专业第二学士学位、专升本、在职第二学士学位等招生形式培养方案，教育部在《关于在六所高等院校开办思想政治教育专业第二学士学位班的意见》(1984)、《关于在高等学校举办思想政治教育本科班的意见》(1984)、《关于试办思想政治教育专业在职第二学士学位班的意见》(1987)等文件中均有一定的规范。但是，本科班培养方案是其基本参照依据，对学制、招生对象、教学形式等只进行了适当调整，核心课程设置并未发生本质变化。1993年10月，国家教育委员会在《关于高等学校思想政治教育专业办学的意见》中指出：专业课程要按照"少而精、突出重点、突出专业特色"的原则，紧紧围绕培养目标的

---

① 张健：《中国教育年鉴（1949—1981）》，中国大百科全书出版社1984年版，第262页。

② 教育部思想政治工作司：《加强和改进大学生思想政治教育重要文献选编（1978—2008）》，中国人民大学出版社2008年版，第33—35页。

要求来设置。各个学历层次的课程中，马克思主义理论类课程处于核心地位，是思想政治教育专业的主课。

在开设好体现思想政治教育专业要求的专业基础课和专业核心课的基础上，适当增开经济、管理和行业业务知识等课程。但是，马克思主义理论课和专业课的学时至少占到总学时的40%。此外，还要加强实践环节，包括军训、参加工农业生产劳动、思想政治工作实习、毕业实习以及社会调查研究等①。这一时期，虽然思想政治教育专业本科招生形式多样，但是培养方案应仍然以《关于在十二所院校设置思想政治教育专业的意见》（1984）的规定为基准。

21世纪以来，未见明确规定思想政治教育专业本科培养方案和培养要求的政策规范。从已有政策内容来看，思想政治教育专业本科培养方案，较为注重学生专业基础知识教育，课堂教学是培养本科生的主要途径，另外，也较为重视社会实践、思想政治工作和教育教学实习等实践教学环节。

（一）思想政治教育专业培养目标的沿革

思想政治教育专业培养目标是指在思想政治教育专业人才培养的实践活动中，为适应社会发展对人才素质的客观需要，依据国家高等教育任务和思想政治教育专业性质，而对专业人才综合素质预先设定的素质标准、规格层次和职业能力，通过系统训练能够达到的主观要求。

依据不同时期教育目标的总要求，思想政治教育本科专业培养目标可分为三个阶段：

1949年至20世纪80年代初：在"又红又专"的总目标指引下，培养和训练中等学校以上思想政治理论课教师、教育行政干部与社会教育干部。新中国成立之初，一方面，进行大规模的社会主义改造和社会主义建设；另一方面，由于国内外的紧张局势，阶级斗争和政治斗争异常激烈。毛泽东依据时局，在党的"培养社会主义事业接班

---

① 教育部思想政治工作司：《加强和改进大学生思想政治教育重要文献选编（1978—2008）》，中国人民大学出版社2008年版，第185页。

人"的远大目标基础上，针对青年一代提出了"又红又专"的目标。他指出：我们"一方面要反对空头政治家，另一方面要反对迷失方向的实际家"①。"红"就是要坚持马列主义，坚持正确的政治方向，坚持阶级斗争；"专"就是要熟悉业务，要有精湛的技术，"又红又专"实际上成了各级各类学校专业教育总的培养目标。1949 年综合大学文法学院里的政治系（政治教育专业的前身）以及后来的师范院校政治教育专业的培养目标，都遵循了这一基本要求。1950 年 8 月，教育部成立了高校课程改革委员会，制订了《高等学校文法两学院各系课程草案》（以下简称《草案》），《草案》规定了政治系具体培养目标是"培养各级政府行政干部、外交干部、研究工作干部及中等以上学校的师资"②。从 1952 年起，全国开始进行较大规模的院系调整，高等师范教育得到了进一步的发展。1953 年开始，师范院校均改为独立设置，北京师范大学率先开设了政治教育专业。由此开始，政治教育专业一般被划归为师范教育类，培养目标从师范院校总体培养目标中可见一斑。1952 年 7 月，《关于高等师范学校的规定（草案）》指出，高等师范学校的任务是培养能够全心全意为人民教育事业服务、具有马列主义和毛泽东思想、具有一定科学水平与高级文化、具有教育的专门知识与技能的中等学校师资③。20 世纪 70 年代末至 80 年代初，高等师范学校对毕业生的具体要求是：热爱中国共产党，热爱社会主义，努力学习马列主义、毛泽东思想的基本原理，逐步树立辩证唯物主义和历史唯物主义观点，具有爱国主义、国际主义精神和共产主义道德品质，掌握本专业所必需的基础理论、基本知识和基本技能，具有一定的分析问题和解决问题的能力，具有从事教育和教学工作的初步能力，能用一种外国语阅读本专业的外文书刊。

从政策内容来看，这一时期，专业培养目标主要是满足全国蓬勃

---

① 《毛泽东文集》第四卷，人民出版社 1999 年版，第 351 页。

② 张健：《中国教育年鉴（1949—1981）》，中国大百科全书出版社 1984 年版，第 250 页。

③ 中华人民共和国教育部办公厅：《教育文献法令汇编（1957）》，人民教育出版社 1958 年版，第 145 页。

发展的各级各类教育对思想政治理论课教师的需求，培养忠诚党的教育事业的"又红又专"的中等以上政治理论课教师、教育行政干部与社会教育干部。

20世纪80年代中后期至90年代初：在"四有新人"的总目标指导下，非师范类方向主要培养思想政治工作和思想政治教育的教学科研人员，师范类方向主要培养中等学校以上合格的思想政治课教师和德育工作者。改革开放以后，邓小平在继承和发扬毛泽东提出的"又红又专"的培养目标基础上，进一步提出了培养社会主义"四有新人"的目标，当然这一目标也是思想政治教育专业的总培养目标。教育部在《关于在十二所院校设置思想政治教育专业的意见》（1984）、《关于在六所高等院校开办思想政治教育专业第二学士学位班的意见》（1984）、《关于在高等学校举办思想政治教育本科班的意见》（1984）、《关于试办思想政治教育专业在职第二学士学位班的意见》（1986）等文件中均明确指出：学生应当认真学习马列主义、毛泽东思想，坚持四项基本原则，树立马克思主义世界观；具有从事思想政治工作所必需的专业知识和能力，成为德智体全面发展、"又红又专"的思想政治工作和思想政治教育的教学科研专门人才①。这一时期的师范类政治教育专业与非师范类的思想政治教育专业同步发展，国家教委在《普通高等师范院校本科基本专业简介》（1987）、《关于高等师范院校本科政治与思想品德教育专业改革的意见》（1991）中指出：政教专业是培养具有坚定正确的政治方向，坚持党的基本路线，信仰马克思主义，热爱马克思主义理论教育事业和思想政治工作，有良好师德；比较系统地掌握马列主义、毛泽东思想的基本理论和与本专业有关的社会、自然科学基础知识，具备从事调查研究、组织管理、宣传教育、分析问题和解决问题的能力；能够初步运用马克思主义的立场、观点、方法分析和解决实际问题，识别和批判各种错误思潮；掌握科学教育理论和教学方法，了解本学科的新发展和新成就，

---

① 教育部思想政治工作司：《加强和改进大学生思想政治教育重要文献选编（1978—2008）》，中国人民大学出版社2008年版，第33—39页。

初步掌握一门外国语，有一定教学科研能力；有正确审美观点和劳动观点，身体健康的中等学校合格的思想政治课教师和德育工作者。虽然，思想政治教育专业和政治教育专业名称有差别，具体培养目标也不完全一致，但是，马克思主义理论是二者共同的学科基础，故其核心课程也基本一致。并且在实际就业过程中二者相互交叉，形成互补关系。鉴于此，统一专业名称及专业培养方案，合力发展思想政治教育学科专业就成为一种必然趋势。1993 年 7 月，国家调整普通高校本科专业目录，正式将思想政治教育专业（非师范类）与政治教育专业（师范类）合二为一，专业名称为思想政治教育，保留培养思想政治工作者（非师范生）和中等学校政治课教师（师范生）两个培养方向。1993 年 10 月，国家教委在《关于高等学校思想政治教育专业办学的意见》中进一步明确，思想政治教育专业要培养具有坚定正确的政治方向，坚持党的"一个中心，两个基本点"的基本路线，具有科学的世界观和为人民服务的人生观，具有良好的道德品质；掌握马列主义、毛泽东思想基本原理、中国特色社会主义理论和思想政治教育专业知识，有相当的哲学、社会科学和一定的自然科学知识面，熟悉党和国家的重大方针政策以及从事思想政治工作必备的各种技能；体魄健全，德智体全面发展。最终成为在党政机关、学校、企事业单位从事思想政治工作的专门人才。

20 世纪 90 年代中后期至今：在全面推进素质教育、促进人的全面发展、以人为本、培养创新型人才等理念的指导下，主要培养全面发展的高素质、创新型、复合型人才。1998 年颁布的《普通高等学校本科专业目录》，仍将思想政治教育专业分为师范类和非师范类，师范类的培养目标是"能在中等以上学校从事马克思主义理论和思想政治教育学科的教学、科研的高级专门人才"，非师范类则培养"能在党政机关、学校、企事业单位从事思想政治工作的专门人才"[①]。1998 年至今，思想政治教育专业本科培养目标在这一总目标的基础上

---

① 张耀灿：《改革开放 30 年与思想政治教育学科建设》，《思想政治教育研究》2008年第 10 期。

一直没有大的变化，各个学位点结合自己的地域、学校层次、师资队伍等因素，制定了具有自身特色的培养目标。宋锡辉等（2010）对国内 21 所大学思想政治教育专业的培养目标进行初步统计发现，有以"培养国民表率、社会栋梁"为目标；"致力于培养中国最优秀的本科生和一流的研究生"；"培养德智体美全面发展并具有民族精神、时代精神和创新精神的高素质人才"；"培养德智体美全面发展的高素质创新型专门人才"等，不一而足①。

（二）思想政治教育专业依托单位及培养方案分析

为了进一步梳理和分析当前思想政治教育专业人才培养状况，本书对以下两个方面进行了研究：一是对思想政治教育专业依托单位进行了分析，因为思想政治教育专业依托单位不一样，其人才培养方案在知识结构模块上也存在着较大的差异性；二是对 233 所学校思想政治教育专业本科培养方案进行 10% 比例抽样分析，对样本高校培养方案情况，特别是马克思主义理论类课程建设情况进行了分析。

1. 思想政治教育专业依托单位分析

对思想政治教育专业所在院系进行归类分析：以马克思主义学院为院系名称的院校共 50 所，占所有思想政治教育本科专业院校总数的 21.5%；以思想政治教育学院（思想政治理论课教学部）、人文社会科学学院为院系名称的院校各 11 所，各占 4.7%；以政法学院为院系名称的院校共 86 所，占 36.9%；以政治与历史学院为院系名称的院校共 14 所，占 6.0%；以政治与公共管理学院为院系名称的院校共 22 所，占 9.4%；以社会发展学院为院系名称的院校共 8 所，占 3.4%；以政治经济学院为院系名称的院校共 10 所，占 4.3%；以政治与行政学院为院系名称的院校共 15 所，占 6.4%；以教育学院为院系名称的院校共 4 所，占 1.7%；其他 2 所院校分别以青少年工作系、人民武装学院为院系名称，占 0.9%。从上述分析数据来看，以政法类和政治类学院为依托的学校最多，有 147 所，占 63.1%；而以马克

---

① 宋锡辉等：《现代思想政治教育专业建设研究——以师范类本科专业为对象》，人民出版社 2010 年版，第 71 页。

思主义学院或思想政治理论课教研单位为依托的有61所，占26.2%；其他依托单位的有25所，所占比例为10.7%。表明思想政治教育本科专业大多以政治学类学科为依托学科，只有1/3左右学校以马克思主义理论为依托学科。

2. 思想政治教育专业本科培养方案分析

根据开设思想政治教育专业学校的总体情况，按照10%的比例进行抽样分析，考虑到有些院校的独特性和唯一性，以达到小样本理论最小值基本样本，选择30所不同类型院校作为样本①。

（1）思想政治教育本科专业院校开课情况。

对样本院校培养方案中列出的必修基础课和专业课进行全部统计，30所院校总计开设课程112门②。其中开课院校数量在10所及以上的课程有24门，分别是：政治学原理开课院校30所，占样本院校总数的100%；伦理学、思想政治教育学原理各27所，各占90.0%；马克思主义哲学、政治经济学、心理学各26所，各占86.7%；教育学、社会学各25所，各占83.3%；马克思主义经典著作选读、中国特色社会主义理论概论各24所，各占80.0%；逻辑学、法学概论各23所，各占76.7%；写作21所，占70.0%；毛泽东思想概论19所，占63.3%；思想政治学科教学论16所，占53.3%；思想政治教育方法论15所，占50.0%；西方哲学史、西方政治思想史、社会科学研究方法、现代教育技术及应用各13所，各占43.3%；

---

① 样本院校名称：东北师范大学、华东师范大学、滨州学院、长江师范学院、西南大学、华中师范大学、商丘师范学院、青海师范大学、吉首大学、中国地质大学、中南民族大学、四川农业大学、首都师范大学、长治学院、湖北师范学院、毕节学院、武汉大学、兰州大学、宜春学院、河海大学、许昌学院、中国青年政治学院、福建师范大学、河南师范大学、台州学院、扬州大学、哈尔滨学院、西北师范大学、呼和浩特民族学院、宝鸡文理学院。

② 同一课程会有不同的表述，对相似课程进行归并，例如：关于"中国文化"课程，中国传统文化概论、中华文化原典选读、中西方文化概论、中国传统文化与思想政治教育均视为有效记录，其中，中西方文化概论不再重复计入"世界文化"课程；关于"世界文化"课程，世界文化概论、世界文化专题、西方文化概论、现代西方文化专题均计入；对于开设思想政治教育原理与方法课程计入思想政治教育学原理，不再计入思想政治教育学方法论；关于"写作"课程，培养方案中（含通识课程）大学语文和应用写作均计入。对计算机课程未做统计。

科学社会主义理论与实践、中国政治思想史各 12 所，各占 40.0%；中国哲学史、当代世界经济与政治各 11 所，各占 36.7%。

开课院校数量在 5—9 所的课程有 22 门，分别是：中国近现代史、世界政治经济与国际关系、行政管理学各 9 所，各占 30.0%；思想政治教育史、中国文化、比较思想政治教育学、管理学、教师口语各 8 所，各占 26.7%；西方经济学、中学政治课教学方法与技能训练各 7 所，各占 23.3%；中华人民共和国史、当代中国政府与政治、文化学、班主任工作、公共关系学、思想政治课教学微格训练、学科教学法各 6 所，各占 20.0%；高等数学、现代科技概论、中共党史、比较政治制度、宪法与行政法学各 5 所，各占 16.7%。

开课院校数量在 4 所及以下的课程有 66 门。开课院校数量为 4 所的课程有 7 门，分别为：思想政治教育心理学、哲学通论、经济学概论、社会主义市场经济理论、国际政治学、心理健康教育、教师书法。开课院校数量为 3 所的课程有 13 门，分别为：马克思主义思想政治教育理论基础、教育研究概论、马克思主义发展史、国外马克思主义、中国近现代政治思想史、当代社会思潮、中学政治课程与教材、公务员制度与实务、信息技术在思想政治教学中的应用、美学、青少年心理学、现代西方哲学、社会认知与思维创新。开课院校数量为 2 所的课程有 18 门，分别为：马克思主义思想政治教育著作选读、世界文化、法理学、政治科学研究方法、德育概论、马克思主义政治学说史、思想政治教育学科论、思想政治教育案例分析、微观经济学、经济学说史、自然辩证法、组织行为学、民族学概论、传播学原理、音乐基础、民法学、申论、教师道德与专业发展。开课院校数量为 1 所的课程有 28 门，分别为：中国政治制度史、外国政治制度、中国德育思想史、思想政治教育研究方法专题、党的学说与党的建设、世界近现代史、史学概论、中国传统道德概论、思想政治教育与农村社会管理、企业思想政治教育、学校思想政治教育、公民教育理论与实践、宏观经济学、政府经济学、财政与货币、公共政策、领导科学、地球科学概论、民族政治学、青年学、共青团工作理论与实践、思想政治教育专业英语、学科导论、中学历史教学法、素质教育理论与方法、教学测量与评价、教师的现代教育理念、宗教学概论。

（2）思想政治教育专业院校开课情况。

根据 1993 年的《国家教育委员会关于高等学校思想政治教育专业办学的意见》（以下简称《办学意见》）[①] 和 2012 年的教育部高等教育司《普通高等学校本科专业目录和专业介绍》（以下简称《专业介绍》）[②] 中对思想政治教育专业核心课程规定和介绍，归并重复的课程后，确定了思想政治教育专业基础课程有 13 门：马克思主义哲学、政治经济学、科学社会主义、伦理学、教育学、心理学、思想政治教育心理学、法学概论、中国哲学史、西方哲学史、中国文化、世界文化、写作；专业课有 6 门：马克思主义思想政治教育著作选读（含马克思主义经典著作选读）、马克思主义思想政治教育理论基础、思想政治教育学原理、思想政治教育方法论、思想政治教育史、基本思想政治观教育。以此为依据，对样本高校思想政治教育专业核心课程开设情况进行专业性评估。

①思想政治教育专业院校基础课和专业课开设情况。

样本高校 13 门专业基础课的开设情况：开设 4 门的院校 1 所，占院校总数的 3.3%；开设 5 门的院校 2 所，占 6.7%；开设 6 门的院校 4 所，占 13.3%；开设 7 门的院校 3 所，占 10.0%；开设 8 门的院校 4 所，占 13.3%；开设 9 门的院校 7 所，占 23.3%；开设 10 门的院校 9 所，占 30.0%。

样本高校 6 门专业课的开设情况：开设 2 门的院校 1 所，占院校总数的 3.3%；开设 3 门的院校 4 所，占 13.3%；开设 4 门的院校 5 所，占 16.7%；开设 5 门的院校 10 所，占 33.3%；开设 6 门的院校 10 所，占 33.3%。

样本高校 19 门思想政治教育核心课程的开设情况：开设 8 门的

[①]　中华人民共和国教育部思想政治工作司：《加强和改进大学生思想政治教育重要文献选编（1978—2008）》，中国人民大学出版社 2008 年版，第 186—190 页。

[②]　中华人民共和国教育部高等教育司：《普通高等学校本科专业目录和专业介绍（2012 年）》，高等教育出版社 2012 年版，第 74 页。

院校 2 所，占样本院校总数的 6.7%；开设 10 门的院校 2 所，占 6.7%；开设 11 门的院校 3 所，占 10.0%；开设 12 门的院校 5 所，占 16.7%；开设 13 门的院校 4 所，占 13.3%；开设 14 门的院校 6 所，占 20.0%；开设 15 门的院校 5 所，占 16.7%；开设 16 门的院校 3 所，占 10.0%。

②思想政治教育核心课程各门课程开设情况。

样本高校思想政治教育必修的基础课和专业课各课程的开设情况：基础课中，伦理学开课院校最多，有 29 所，占 96.7%；马克思主义哲学、政治经济学、心理学开课院校次之，有 26 所，各占样本院校总数的 86.7%；教育学开课院校 25 所，占 83.3%；法学概论、西方哲学史开课院校 24 所，各占 80.0%；中国哲学史、写作开课院校 22 所，各占 73.3%；中国文化开课院校 17 所，占 56.7%；科学社会主义开课院校 14 所，占 46.7%；思想政治教育心理学开课院校 7 所，占 23.3%；世界文化开课院校 4 所，占 13.3%。

专业课中，基本思想政治观教育开课院校最多，为 30 所，占 100%；马克思主义思想政治教育著作选读开课院校有 29 所，占 96.7%；思想政治教育学原理开课院校 27 所，占 90.0%；思想政治教育方法论开课院校 19 所，占 63.3%；思想政治教育史开课院校 14 所，占 46.7%；马克思主义思想政治教育理论基础开课院校最少，只有 3 所，占 10.0%。

(3) 思想政治教育专业院校开设马克思主义理论类课程统计。

样本高校马克思主义理论类课程开设情况（含选修）：马克思主义哲学开课院校 26 所，占样本院校总数的 86.7%；政治经济学 26 所，占 86.7%；科学社会主义理论与实践 14 所，占 46.7%；马克思主义发展史 5 所，占 16.7%；国外马克思主义 4 所，占 13.3%；马克思主义经典著作选读 25 所，占 83.3%；马克思主义思想政治教育著作选读 4 所，占 13.3%；马克思主义思想政治教育理论基础 3 所，占 10.0%；自然辩证法 2 所，占 6.7%。

二　存在的问题

从政策内容来看，思想政治教育专业的人才培养方案在总的宏观培养目标的指导下，专业培养目标转向宽口径和大视角，向高素质、创新型、复合型人才培养方向发展。但是，培养目标表现出的多样性特点，说明当前对专业的实践性、综合性以及发展方向等问题的认识仍不够清晰，人才培养规格表现出散、乱、杂等特点，没有统一的核心。从选取的高校思想政治教育专业人才培养方案情况样本来看，普遍存在着培养目标定位不清晰、课程体系设计不合理、实践教学体系不科学、素质拓展体系不健全等问题。

（一）培养目标定位不清晰

在教育部应用型人才培养目标定位总体层次要求下，绝大部分本科院校的思想政治教育专业都把"应用型"作为各自人才培养目标的关键词，但是从样本情况来看，多数院校的专业人才培养目标定位仍然不够清晰。主要表现在培养目标定位的趋同化、简单化及空洞化三个方面。趋同化主要体现在不同院校类似专业和同一院校不同专业方向人才培养目标定位的大同小异；简单化主要体现在多数专业人才培养目标定位只是在"应用型"前后叠加了一些形容词，目标结构体系不健全；空洞化主要体现在对人才培养的层次性、阶段性界定不清和培养特色缺乏等。如很多高校都把思想政治教育专业的人才培养目标定位于培养德智体全面发展，具有扎实的思想政治教育专业基础知识和教育教学能力，综合素质高，能从事中、小学校思想政治课的教学工作，能在党政机关、企事业单位从事教育和管理工作的应用型高级专门人才。

（二）课程体系设计不合理

课程体系应直接为人才培养目标服务，但是很多人才培养方案的课程体系仍然是按传统学科体系的范畴进行设置。在传统学科体系框架下设置的课程体系必然存在诸多不合理的现象，主要体现在以下几个方面：①课程体系不能支撑应用型人才培养目标。很多高校已经制定了非常清晰明确、极具特色的应用型人才培养目标，但是课程体系内容陈旧、分割过细、简单拼凑，与人才培养目标完全脱节。②课程门数或学时偏多。由于片面追求学科完整性，很多培养方案的课程门数或学时偏多造成周学时接近或超过 30 学时，没有给学生自主学习、个性发展和能力提升留出充足的时间。③服务于地方或行业的特色不明显。直接服务于地方或行业是高校人才培养特色化的重要体现。教育部新一轮本科教学合格评估指标体系对此提出了明确的要求。但是不少地方本科院校的人才培养方案具有明显的"因人设课"和"因无人不设课"的痕迹，体现服务地方特色的课程极少或根本没有。④必修课程较多，选修课程偏少。由于对教育部"宽口径、厚基础"要求的片面理解，有的院校开设了大量公共基础课程和专业基础课程。在总学分和总学时限定的情况下，必修课程的增多严重挤占了选修课程的学时学分。

（三）实践教学体系不科学

加强实践教学是应用型人才培养目标定位的必然要求。教育部明确要求，人文社科类专业实践教学的学时或学分比例不能低于 20%，理工类专业实践教学的学时或学分比例不能低于 25%。在这种比例要求下，高校在思想政治教育专业人才培养方案中开设了理论课中的实践、集中性实践、单独实践课程，从学时或学分比例上看已经达到甚至超过了教育部的有关要求，但从总体上看，依然存在片面追求数量、可实施性差、不成体系和综合训练偏少等问题。在很多实践环节，尤其是很多理论课的实践环节由于缺乏论证，可操作性差，后续实施难度很大，造成实验开出率极低；方案中各实践教学环节尚未根据行业、岗位或岗位群所需要技能，形成围绕并支撑思想政治教育专业应用型人才培养目标逻辑体系；同时，受传统教育教学理念和方式方法的影响，实践环节中以认识性、验证性基础实践教学为主，设计性、综合性的创新型实践教学占比偏低，这与应用型人才培养的目标要求仍存在较大差距。

（四）素质拓展体系不健全

创新型人才绝不是仅仅局限于狭窄技术或技能的匠人，而是具有良好综合素质的复合型人才。规范化的素质拓展体系有利于学生人格塑造、创新精神培养和实现全面发展，因此将素质拓展纳入人才培养方案，是保证创新型人才培养质量的重要举措，各高等院校也越来越重视人才培养方案中素质拓展体系的构建。但是样本中的多数院校思想政治教育专业人才培养方案中的素质拓展要么偏向专业能力训练，成为一般的实践教学内容的重复；要么偏向职业能力训练，成为提前的企业入职培训。囊括人才专业能力训练、职业能力训练、适应能力训练、人文素质与后续发展能力培养的全程式终身素质拓展体系仍未建立。同时，由于对素质拓展体系缺乏清晰全面的认识，很多专业培养方案的素质拓展课程流于形式，缺乏具体实施细则。

从人才培养方案的制订、执行、修订、完善等不同环节均能看到目前思想政治教育专业建设存在的问题和不足，这些问题恰恰是制约创新型人才培养的关键所在。

第三章 思想政治教育专业的改革

随着我国高等教育事业的快速发展，思想政治教育专业面临着许多机遇和挑战，也拥有了更广阔的发展空间。但与此同时，作为一个传统专业，其教育过程当中的不足也逐渐凸显出来，集中体现在教育理念陈旧、创新意识不强、课程设置不科学、教育教学模式相对单一等方面，在教育实践实施过程中表现为教育效果的弱化，教育实效性不强。因此，必须深化对思想政治教育专业的改革，创新教育理念、更新教育内容、改进教育方法，以增强专业教育的针对性和实效性。

一 改革的必要性和紧迫性

目前，我国思想政治教育专业的教学实施环境日趋复杂。如国际环境的复杂化，经济全球化过程中，西方国家所主张的民主、自由、平等、人权、法治等价值观的渗透；西方的意识形态、思想文化和生活方式对当代大学生的观念和价值观产生巨大的冲击力；国内社会环境的影响，随着市场经济的推进和改革的不断深入发展，一些深层次的矛盾和问题日益凸显；社会各领域的竞争日趋激烈，人们的生活方式、社会组织形式、就业形式等呈现出了多元化的趋势，这些因素均不同程度地影响着当代大学生的思想和价值观念。以数字化应用为标志的第四次科技革命，也给人类思想道德观念、文化修养等方面带来了巨大的冲击。

以上这些都是外部原因，而内部原因在于思想政治教育专业自身的某些方面与现实需求不相符。长期以来，该专业无论是师范类抑或非师范类，在教育内容、教学形式等方面，都不同程度地存在着无法较好凸显学生的主体性地位，使得学生自我意识长期处于一种沉睡或盲目状态的问题，这也是导致思想政治教育专业教学的教育实效性较弱的一个根本原因。问题是改革的依据，找到存在的主要问题，对其进行具体分析，才能找出解决问题的方法，为专业改革指明方向。

（一）教育理念陈旧

教育理念是人们进行思想政治教育所持有的先导性、全局性、根本性的观点、观念。理念是行动的指导，教育理念从根本上影响并决定着专业的学科定位，规定和制约着思想政治教育专业的内容体系、理论、方法和实践。随着市场体制的发展，高校的教育模式也发生了巨大的变化。在社会主义市场经济条件下，传统的专业教育理念已经同迅速发展的社会经济的需要、同构建和谐社会的需要不相适应，这表现在：

1. 传统教育理念具有单向性、工具性、单一化的特征

传统思想政治教育专业的教学过于注重单向性"灌输"教育，片面强调政治功能。部分教育者仅仅是把专业教学当作灌输政治理论、宣传党的路线方针政策的工具，为了灌输而灌输。把思想政治教育专业单一地作为为社会政治服务的工具，而忽视塑造完善人格、实现人的全面自由发展，这就歪曲理解了教育的真正目的和意义，使得教育沦为一种工具性教育。并且无论是教育要求、评定标准、教育内容，还是教育制度、教育格局和教育方式，都倾向于统一化、格式化。这归根结底反映的是思想政治教育专业理念的单一化，这样的专业教育理念已经不能适应时代的要求。

2. 缺乏全局观念、大局意识，存在严重的僵化保守倾向

许多思想政治教育专业的工作者持有小团体主义思想，在进行教育教学活动时，不是着眼于全局，而是着眼于一时一地之得失；不是从大局出发，而是从自己单位甚至个人利益出发。这种方式或许能收到一时之效，但长期下去将必然对整个专业造成不良影响。而今，改革与创新已成为时代的主题词和最强音，我国在经济、政治领域也进行了大刀阔斧的改革，但思想政治教育专业由于其理论工具的特殊性，却

在很多方面裹足不前，僵化保守，脱离了现实生活和社会的需要。

3. 重理论、轻实践

思想政治教育专业是一个理论研究与实践应用并重的专业，一方面它要求系统掌握马克思主义基本原理和思想政治教育的规律和方法，另一方面它要求娴熟地运用这些原理、规律和方法，去解决现实中遇到的问题。为此，国家一直强调思想政治教育专业"学习要紧密联系国际形势和我国社会主义现代化建设的实际、改革开放的实际，联系学生的实际，重在培养学生的素质和能力"①。但是，根据高校教学总体实际情况，思想政治教育专业在人才培养中与实现其素质和能力俱佳的培养目标还有相当大的距离和差距，整体上存在重理论轻实践的问题。主要表现为重知识传授，轻能力培养；实践课程存在形式主义。

4. 重灌输、轻渗透

有学者指出，当前高校思想政治教育教学模式过分强调灌输的作用，使之流于形式，忽视了被教育者的主体地位②。理论灌输是思想政治教育专业工作者的传统工作方式之一，然而，解决思想认识、思想觉悟问题，最有效的方法就是渗透。在日常教学中，基本道理、理论的阐述和教育是完全必要的。但学生最终能力的提高，需依靠自身掌握的知识独立解决问题。与过去相比，当代的大学生思想发生了巨大的变化，他们的思维方式、生活目标等也具有了新的特点。他们富有探索、怀疑、创新精神，强调自我价值、自我意识、个人得到尊重，喜欢表现自己，又喜欢独立思考。这就要求思想政治工作者必须充分考虑新时代下大学生的特点，在思想政治教育中，既要采取必要的灌输，也要进行渗透。如果总是以"灌输"这种单一方式，试图通过读取文件、上政治大课等方式来提高大学生的思想意识，很难达到预期的目标和结果。因此，传统的"灌输"方法不加以变化就把专业

---

① 《国家教委关于高等学校思想政治教育专业办学的意见》，1993 年 10 月 8 日。

② 姚念龙：《增强高校思想政治教育实效性方法探析》，《中国青年研究》2007 年第 3 期。

教育内容渗透到相关载体上，已经制约了思想政治教育专业教学实效的提高。

（二）创新意识不强

教育内容的创新性不足是当前本专业存在的问题之一。教育过程中，存在着多数大学生主观上不愿接受或拒绝接受，少数"虚假接受"的现象，甚至个别学生产生了逆反和抵触心理。造成这种现象的重要原因之一就是教育内容缺乏针对性和实效性、缺乏时代性和生机活力，难以激起当代大学生对思想政治教育内容求知和践行的欲望①。随着社会的不断发展，作为教育对象的大学生的思想状况和他们所关心的问题也在发生着变化，但目前的专业教育内容在创新意识上与实践发展的需要仍有一定距离，如在教育内容的安排上认识不足，在应对形势的飞速发展和学生情况的变化上相对滞后，对学生普遍关心的热点问题及改革开放与现代化建设中重大问题的释疑解惑和教育引导上仍需进一步加以改进等。教育内容需要更具时代感，以不断满足社会发展的需求与学生个人成长的需要。

1. 教育内容与本专业学生实际需要的变化不同步

在新形势下，教育内容不能很好地适应并解决层出不穷的新情况、新问题，同样是导致思想政治教育专业缺乏针对性和实效性的重要原因。主要体现为落后于当代大学生不断变化的生活实际和思想实际。在新的历史条件下，大学生的思想观念、价值观念、生活方式、行为方式等无时无刻不受到社会环境和物质条件的影响，他们承受着高等教育改革所带来的学习、就业、经济、心理等方面的巨大压力。有相当多的思想政治教育专业学生认为，专业教育教学内容空泛，实际应用性不强，导致其缺乏学习热情和兴趣。另据调查显示，"很多学生认为本专业中的许多专业核心课程大道理多，无法解决实际问题；反映思想政治教育'不能联系我们的实际'，不能及时、有说服

---

① 周亚东：《激活大学生思想政治教育内容的四个因素》，《思想政治教育》2007 年第 3 期。

力、有针对性地解决学生的困惑并对热点问题加以引导"①。这些都对思想政治教育专业的教育内容提出了新的要求。因此，深化和创新思想政治教育专业的教学内容，保持教学案例的"真""实""新""精"，是增强思想政治教育专业活力，提高教学实效性、感染力和说服力的根本途径和重要保证。

2. 一些教材缺乏时代感，没有处理好继承与创新的关系

在思想政治教育专业理论课程的设置方面，一些经典专业必修课受到了师生的广泛好评，但是在实践过程中发现部分教材仍存在内容陈旧，缺乏系统性和时代感，没有形成思想政治教育专业诸内容有机结合、相互协调的合理、和谐结构。教育内容跟不上国际国内形势日益深刻复杂的变化，同时也跟不上我国高等教育改革发展的步伐，这样既无法解释学生关注的热点、难点及重点问题和现象，也不能从理论层面上对经济、社会发展所取得的巨大成就给出令人信服的答案。例如目前思想政治教育专业的教育内容缺乏与科学技术相关的道德、伦理教育。面对科学技术的迅猛发展，思想政治教育专业的教育内容却没有及时反映这方面的要求，比如缺乏针对网络的道德教育，无法适应网络迅速普及的新形势。内容发展的滞后性，使得思想政治教育专业本身缺乏针对性和时代感，无法深入人心，同时也使思想政治教育专业实践贻误了将思想认识问题解决于萌芽状态的时机。

（三）课程设置不科学

近年来，在国家总体就业形势趋紧的情况下，思想政治教育专业的毕业生面临着日益增大的就业压力。该专业毕业生，或通过教师招聘考试成为中小学教师，或参加事业单位招聘考试、公务员考试、选调生考试进入党政机关、事业单位、社区基层，或参加研究生考试进一步深造，但是由于这些岗位或出路的稀缺，实际就业形势并不乐观。该专业课程体系设置存在一些问题，导致其培养的人才素质难以适应社会对多元化人才的需求也是造成就业难的一方面原因。课程体

① 罗月丰：《当代大学思想政治状况调研》；《北京青年政治学院学报》2004 年第 3 期。

系作为一个专业开展课堂教学、课外学习以及自学活动的内容纲要和
目标体系，其科学与否，直接关系到学生的知识结构、能力结构和综
合素质之优劣，关系到人才培养模式改革之成败①。参照我国正在进
行的基础教育课程改革分析思想政治教育专业的课程体系，其存在的
主要问题体现在以下四个方面：

1. 课程设置难以体现学科专业特色

思想政治教育学科的发展经历了政治学一级学科所属的思想政治
教育学、马克思主义理论与思想政治教育一级学科所属的思想政治教
育、马克思主义理论一级学科所属的思想政治教育三个发展阶段②。
因此，它是马克思主义理论系统的重要构成，也是其继续深化发展的
重要载体。而且，该专业是唯一在本科阶段开设的马克思主义理论类
专业，具有独一无二的地位和广阔的发展空间。专业特色的最佳体现
就在于课程设置，它是为实现专业培养目标而设计的微格化可行性实
施措施，是实现人才培养的根本途径。思想政治教育专业在课程设置
中，要紧紧围绕培养目标的要求，突出马克思主义理论的地位，乃至
确定它在马克思主义理论类学科中的核心地位。因此，该专业必须以
马克思主义理论为基础，强化马克思主义理论教育，使学生成为坚定
的马克思主义信仰者和传播者，突出其专业特色。

思想政治教育专业课程设置分为公共必修课、专业必修课、专业
选修课和实践课四大模块。但是，各个高校一般要根据学生实际情
况、地方特色及当地需求，设置相应的课程体系，难免表现出比例和
侧重点的差异。在总体设计上，各个学历层次的课程中马克思主义理
论课和专业课的学时至少占到总学时的 40%③。一方面，思想政治教
育专业课程范围几乎囊括了人文社会科学的各个专业，这种表象并不

① 孙迪亮、李安增：《论高师政教专业课程体系的重建目标》，《遵义师范学院学报》
2012 年第 14 期。

② 李辉：《论思想政治教育的学科意识》，《学校党建与思想政治教育》2008 年第28—
30 期。

③ 《国家教委关于高等学校思想政治教育专业办学的意见》，http://www. china-
lawedu. com/news/1200/22598/22615/22796/2006/3/qi680291331523600218 54 - 0. html，1993
年 10 月 8 日。

是问题的实质，关键是众多课程内容缺乏以马克思主义为主线的内在逻辑，不能以思想政治教育为中心形成合力。另一方面，目前思想政治教育专业的课程设置，在功利化、市场化的影响下，减少了许多与马克思主义密切相关的课程，而设置了较多迎合市场的行政管理和经济学相关课程，导致思想政治教育专业失去了自己的学科专业特色，而实际成了行政管理或者经济管理专业，徒有虚名。如北京某师范大学将信息技术基础、计算机应用、程序设计基础三门课作为通识教育课必修内容，并且将财政与货币、高等数学作为专业基础课必修内容，还将经济法、国际金融与贸易列为专业基础课程选修，其过分注重计算机、经济学方面的内容。浙江某大学专业教育平台课中开设了行政法与行政诉讼法、英国商事法、美国宪法作为选修课，开设法律课程过多过细。受这两个方面的影响，思想政治教育专业失去了自己的学科专业特色和学科自信，专业合法性也遭到了各方面的质疑。

2. 课程结构比例不当，培养口径过窄

首先，课程结构比例不当。思想政治教育专业以知识系统学习为基础，以提高学生实践能力为目的，设置四大板块的课程结构，存在以下问题：第一，公共必修课在课时安排上不尽合理且开设面较窄。主要开设英语、计算机、体育。一方面，外语和计算机占用了大部分的课时，学生疲于应付关于二者的各种考试，为此付出了大量的精力和物力①。另一方面，缺乏基本的理科课程，学生理性思维面临退化的风险。很多学校的思想政治教育专业没有开设高等数学等相关科目，对学生的全面自由发展造成了不利影响，而一些理科课程培养的相关素质在工作中是不可或缺的。第二，学科专业课开设比重较高，缺乏逻辑严密的内在系统设计和时代性。思想政治教育专业学科专业课所占总学时的比例高达 60% 左右。同时，课程体系庞杂而松散，缺乏应有的系统性和连贯性，有些学校实际开设课程已达 50 门以上，

---

① 田克勤等：《高师思想政治教育专业教学内容和课程体系改革势在必行》，《思想理论教育导刊》1999 年第 3 期。

专业知识要求过高，与中小学教育教学内容实际脱节①。专业课选用教材更新不及时，内容陈旧且缺乏最新理论支撑，不利于学生理论体系更新。第三，选修课开设门类较少且比较单一。没有根据社会需求进行调整，一般是因师设课，缺乏合理规划，导致培养目的不明确，忽视了学生的个性发展。第四，实践课程中，受制于专业教师数量、实习学校或基地建设、时间等条件，成效不显著。教育理论仅以"老三门"（即教育学、教育心理学和教学法）为主，在教学中很少将实践课程穿插其中，学生教学技能知识和能力双缺乏。课程设置是课程体系的核心环节，课程结构是课程设置的骨架，是核心中的关键，必须根据实际情况及时改革和调整，从而不断实现课程结构优化。

其次，培养口径过窄。在学科不断交叉、知识密切融合的知识经济社会下，社会需求不断多元化，高等教育培养的人才，只有了解若干领域知识，掌握解决各种交叉学科基本问题的能力，才能让自己在高难度的就业挑战中脱颖而出。因此，思想政治教育专业必须建构宽口径课程体系，培养既博又专的人才。因此，该课程体系首先必须考虑社会对该专业的需求，没有需求就没有市场。另外，必须考虑到学生的就业预期。思想政治教育专业课程体系必须能够适应毕业生的多元发展需求，使其得到全面自由发展，充分发挥各自的特长，使个人价值更好地转变为社会价值。此时，思想政治教育专业再按照思想政治课教学、科研人才和思想政治工作专门人才这种单一的培养口径来教育学生，既无法与专业发展规律相吻合，又影响了毕业生的就业选择。一项对政教专业毕业生的最终工作去向的调查显示，59%的毕业生走上了教育岗位，27%的毕业生在政界工作，还有一小部分在出版社、报社等社会管理界工作，而商界人士则相对较少②。高校现有的单一目标的课程体系难以满足该专业毕业生从教、从政和考研三方面的就业需求，限制了该专业在新形势下构建符合时代特点、社会需求

---

① 王舵：《思想政治教育专业课程体系优化和建设探析》，《漯河职业技术学院》2008年第7期。

② 毛佳丽、王福会、刘艳东：《从毕业生信息反馈看高师思想政治教育专业的发展》，《文教资料》2008年第9期。

的课程体系，也导致毕业生无法适应社会对复合型人才的需求，学生就业包括就业质量问题日益严峻，以上种种因素共同作用导致了思想政治教育专业的被认可度越来越低，逐渐成为比较冷门的专业。

3. 课程内容重复、老化，无法适应社会变化

课程结构是课程体系的骨架，课程内容是其血肉。因此，如果课程内容不能适应时代和社会需求，就无法培育出社会需要的人才。"课程单一、观念落后、内容陈旧、脱离实际"[1] 一直是我国高等师范类专业课程设置存在的主要问题。思想政治教育专业课程内容陈旧，缺乏时代气息，无法及时反映基础教育课程改革的发展动向，而且与中学政治课教材内容衔接不够，无法切合思想政治教育工作的实际，导致毕业生在社会实践过程中，出现实际操作教学过程困难、面对实际问题无计可施的问题。如应新一轮基础教育课程改革要求，高中政治设计了许多贴近学生和社会生活的内容，侧重于学生自主探究学习。一方面，这样的高中生将不适应大学的传统教学模式，另一方面，这种高校培养的毕业生将来走向教学岗位也无法履行教师职责。传统的课程内容营造了一个封闭的空间，大大影响了学生的开放式全面发展。

教材是课程内容质量的最好体现，是向学生传授知识和思想的载体，在整个课程体系中占据着非常关键的地位。目前，思想政治教育专业教材主要存在如下问题：第一，重复性。一是与中学教材内容的重复，如高中政治生活与政治学，高中历史与大学的多门历史课程；二是课与课之间的重复。如中国革命概论、中华人民共和国史和毛泽东思想概论等相互之间的重复。课程内容重复使得学生反复学习导致他们产生厌倦情绪，对专业学习失去兴趣。第二，滞后性。一些与时代联系紧密的课程，并未及时形成最新教材。教材编写的滞后，严重制约了学生对前沿理论、知识的学习和把握。第三，不系统性。教材结构和内容既不能体现专业学科特色，又不能使学生通过学习后掌握

---

[1] 张慧玲：《基础教育课程改革背景下的思想政治教育专业》，《宁波大学学报》（教育科学版）2007 年第 29 期。

系统专业知识。而且有些高校在各种压力下，选用本校教师编写的质量并不高的教材，这些都大大影响了学生的学习质量。

4. 思想政治教育专业教学内容缺乏实效性、针对性

虽然我国颁布实施了有关大学生思想政治教育的若干文件，明确规定了大学生思想政治教育的主要内容和任务，但是思想政治教育专业教学内容未能随着快速变迁的社会发展而进行调整，不能及时、有说服力、有针对性地解决学生的困惑，无法对学生关心的热点问题加以引导。主要体现在三个方面：一是学生对国际国内形势的观点和看法众多且观点独特，但思想政治教育专业教学内容跟不上国际国内形势日新月异的发展变化，学生无法从思想政治教育的内容中得到关于国际国内形势的更好解释；二是学生的专业知识和实践知识不断丰富和发展，所面临的道德层面的问题也不断增多，但思想政治教育专业却落后于高等教育改革发展的需要，对新出现的教育问题无法给出答案；三是思想政治教育专业落后于大学生不断变化的思想实际和生活实际，大学生思想政治教育实践中对于树立正确的人生观、世界观、价值观等深层次问题的解决，还有待深化。这些问题的存在，导致学生对教学内容缺少新鲜感，失去了探求新知识的激情。

（四）教育教学模式单一

教育教学模式是取得良好教学效果的重中之重，它与教学关系有着密不可分的联系，其能否有效应用也直接影响着学生对于学习方法的掌握和学习能力的提高。目前思想政治教育专业的教学方法和教学手段比较单一，运用不灵活，特别是无法高效利用信息条件下的各种全新教学手段。这种单纯靠传统的教学方式和多媒体教学方式已不能满足学生的学习需求。现代的学习方式已经不再是单纯的被动式（接受式）学习，而是多种学习方式的有机结合，学习方式将会严重影响专业课程的教学效果①。

1. 教学方法以理论灌输为主

目前，思想政治教育专业的教学方法、手段存在灌输式的单一现

①　张小玉、周丽：《精品课程建设中教学方式的改革与探索》，《华中科技大学学报》2006 年第 23 期。

象。该专业是一个理论性非常强的专业，在教学过程中运用理论灌输法是非常必要的，但是不能让它占据该专业教学方法的主导地位，必须灵活运用多种教学方法搞活课堂教学。目前，思想政治教育专业教学方法还是以理论灌输为主，教师滔滔不绝地讲，学生马不停蹄地记，努力将听到的都记下来，学生很少有讨论、交流和思考的时间，因此对所学知识缺乏理解、消化，考试的时候死记硬背，只要把老师讲的背下来就具备了成为好学生的资本，这就造成了政治专业学生被动学习的现状，导致了一系列恶果。第一，形成了一种教师本位的错误教学关系。它以教师教为中心，教师是课堂的主宰者，教师讲、学生听，教师问、学生答，教师写、学生抄，教师给、学生收是这种教学关系的最好写照。教与学本末倒置，颠倒了教师的"教"服从并服务于学生的"学"之间的关系。第二，这种教学方法还导致了错误的学习方法，使学生失去了学习的主体地位。在学习中，形成了教前学后、教多少、学多少，如何教、如何学，不教不学的状态。它违背了教育规律，磨去了学生的独特个性，压抑了学生的生机和活力，导致学生在学习过程中是围着教师教而亦步亦趋，学生失去了学习的自主性和创造性，甚至导致教师越教，学生越烦，直接影响本专业的教学效果和学科魅力。

对于学生而言，教学过程是从"教"到"学"不断转化的，在这一过程中，学生学习能力不断增强而相对应的教师作用逐渐减弱。对于大学阶段的学生而言，经过长时间的学习，已经基本上具备了把教师"教"转化成自己"学"的能力，学生可以相对独立或基本上独立地进行学习。因此，大学阶段，教师的作用不是尽可能多地教给学生多少理论知识，而应尽可能多地指引学生如何自学，教师教的越来越少，但是教师的指导作用越来越重要。不能具体情况具体分析地选择不同的教学方法，势必使学生学习能力发展处于一种无序状态，从而无法培养学生的学习能力，也就无法培养出能够独立学习并进行科学研究的人才，进而无法适应这个快速发展的社会。为了改变单一的理论灌输方法，有些高校教师也尝试了一些灵活多样的教学方法，并且取得了一些比较好的教学效果，也为思想政治教育专业的教学改革提供了范例。但是，现实中还是存在着只重现象而忽视本质的情况，并没有从根本上调动学生的学习积极性。比如，有的教师尝试让学生分专题准备，形成学生讲教师评的教学方法。但是，在分组完成任务过程中，由于教师缺乏对各组的监督管理，导致出现个别小组成员承担任务过多，甚至全部自己完成的情况。而且，还存在各组在完成自己的专题学习和讲解的过程后，由于教师素质的影响，不能有针对性地进行教学点评，对于学生实践教学能力并没有起到很好的指导作用。

2. 现代化教学手段难以被有效利用

思想政治教育专业中的大部分教学内容都较为抽象、枯燥，有效运用现代教学手段能够提高学生对知识的理解能力以及教学质量。科技发展为教学质量提供了现代化教学手段，随着我国经济的快速发展，目前，很多高校已经配备了比较齐全的现代化教学设备，但是，其实际利用情况并不尽如人意。

第一，一些高校非常注重多媒体设备的应用，然而，频繁应用并不能说明是高效利用。很多教师应用多媒体后，只是改变了教学所用材料的属性，即原来是用一些纸质版的教科书或其他资料照本宣科，现在改成电子版的讲义罢了。而学生听课也由原来奋笔疾书的记笔记，变成了现在拿着 U 盘在课后或考试之前拷贝课件。而且教师上课课件数年不变，未能随着时代的变化而及时更新教学内容。多媒体技术的应用，其目的不仅仅是减少教师的板书时间，更重要的是让教师利用多媒体手段，通过图表、框架式结构图，甚至照片、视频等资料更加形象生动地呈现所要讲述的知识体系，更好地让学生理解知识体系。那种应用 PPT 课件而像报幕员似的"阅读式"教学，并不会因为披上现代化教学手段的外衣而发生质变，只是使教师演变成了多媒体播放员，对于教学效果无任何益处。对于学生而言，这种方式还不如仔细听课记笔记学到的东西多，很容易造成学生平时不认真听课，考前突击复习的情况。

第二，教师对于新一代的教学手段掌控能力有限。少部分教师由于年龄较大或个人综合素质不高，对于多媒体课件的制作、多媒体设备或微格教室设备的应用技巧不够娴熟，从而无法制作出高水平的课件，难以提高学生的学习水平和能力；也无法高效应用微格教室资源提高师范生的教学实践能力，甚至有些教师忌讳使用这些现代化的教学手段；有些教师因忽视或无法充分利用丰富的网络资源，从而导致优质的现代化教学资源得不到有效利用。以上是实际拥有但无法利用的，但是，由于地区经济发展的不均衡性，各高校的现代化教学设备的配备比例和覆盖面参差不齐。因此，现代化的教育手段和方法不能被很好地运用。

第三，由于以资金短缺为主的各方面原因，一些高校对于一些比较昂贵的现代化教学设施并未实现比较完善的配备，主要表现为，一方面，多媒体教室比较少。有些高校多媒体教室极其有限，有些教师想用多媒体进行案例教学，但没有空缺可用的教室，只能沿用传统方式上课。另一方面，师范类思想政治教育专业应有的微格教室的配备有限。微格教室需要大量费用的一期投入和后期维护，缺乏这些有利的现代化设备和培训手段，对于学生和教师而言，也就无法有效利用现代教学手段，高标准地实现培养目标。总之，不管是已经具备这些现代化教学手段还是根本就没有完善的设备配置，其结果都是无法高效应用现代化教学手段，影响了教学效果。

二　人才培养模式改革发展趋势

时代的变革和社会需求的多元化对思想政治教育专业人才培养体系与模式构成了巨大的挑战。当前，经济社会改革逐步向深层次推进，各种利益关系的调整力度不断加大，社会心理变动巨大，作为调适人们心理的思想政治教育工作变得尤为重要。每个时代都有每个时代的精神，每个时代都有每个时代的价值观念。作为一个有着 13 亿多人口、56 个民族的大国，要确立反映全国各族人民共同认同的价值观"最大公约数"，使全体人民同心同德、团结奋进，关乎国家前途命运，关乎人民幸福安康①。在新的历史时期，思想政治教育任务目标发生转换，由传统的政治和道德教育向文化社会心理调适等非传统方向转变，使得思想政治教育专业人才的社会需求呈多元化趋势。应加强社会调研和实践统计，分析社会对思想政治教育专业人才的需求，研究以创新精神和实践能力为主的人才培养体系，为当前"三期叠加"时期培养思想政治教育专业人才，以适应新形势的需要寻找新的思路。高校要适应社会需求的变化，创新教育教学理念，深化教学改革，构建科学的培养体系，培养满足社会需求的思想政治教育专业创新型人才。

（一）思想政治教育专业人才的社会需求分析

当前，思想政治教育本科专业毕业生的就业面临着严峻的挑战。究其原因，主要是目前高校思想政治教育专业长期以来形成封闭的、单一的人才培养模式，随着社会的发展，弊端日益显露②，思想政治教育专业培养的专业人才难以适应社会对人才的多元化需求，毕业生就业市场日趋萎缩。

1. 单一型人才需求趋于饱和

思想政治教育专业本科毕业生社会需求趋于饱和，就业难的问题日益凸显。目前，我国高等教育思想政治教育本科人才培养趋同化现象严重，学科设置重复，没有考虑社会需求，学生培养缺乏个性，毕业生同业竞争压力大。据统计，目前全国开设思想政治教育本科专业的高校有233所，招生规模仍在不断扩大。同时，近年来，马克思主义理论一级学科硕士点、博士点建设速度加快，每年相同学科的硕士、博士毕业生又进一步挤压了思想政治教育专业本科毕业生的就业市场。因而，社会对思想政治教育本科毕业生的需求相应减少，毕业生就业陷入困境已是不争的事实。

---

① 习近平在北京大学师生座谈会上的讲话——青年要自觉践行社会主义核心价值观，2014 年 5 月 4 日。
② 严仍昱：《高校思政专业复合型人才培养及模式构建》，《吉林广播电视大学学报》2012 年第 5 期。

2. 就业范围较为局限

思想政治教育专业因其突出的专业特点，就业范围较为局限。由于历史的原因，当前思想政治教育专业人才培养制度仍然带有明显的计划经济特征，该专业人才培养对社会需求变化的传导较慢，多种原因导致高校培养的人才很难反映社会需求的变化，因而当前思想政治教育专业人才培养模式已经不能适应文化产业化、社会多元化发展和培养教育对象个性化发展对创新型思想政治教育专业人才的需求。同时，当前大多数思想政治教育专业本科生教育口径狭窄、实践能力培养欠缺，导致毕业生就业方向局限性强，就业竞争性不足。

3. 社会需求呈多元化趋势

思想政治教育专业人才的社会需求呈多元化趋势。随着改革开放进程的不断推进，人们的思想观念日趋多样化，思想政治教育专业人才的社会需求随之也呈现出了多元化的特点。仅仅具备本专业的知识和能力的单一人才已经远不能适应现代社会发展的需要。在新的历史时期，思想政治教育专业任务目标发生转换，由担当传统的政治和道德教育转向心理和精神等文化社会心理调适等非传统方向，思想政治教育专业人才的社会需求呈多元化趋势。要成为一名称职的思想政治教育专业的工作者，既需要具备良好的理论素养和宽广的知识面，同时还需要学会并掌握诸如心理学、伦理学、哲学、管理学、领导学等学科知识以及应变、创新、公关等各种能力，由此才能在工作中更好地分析解决服务对象思想上的问题。可以肯定地说，当前，由于思想政治教育专业的服务对象需求的多元化，要求提供思想政治教育产品的思想政治教育专业的工作者能够创造性地工作，并具备足够的耐心和热情以及无私奉献精神。

（二）创新型人才培养的必要性

高校作为人才培养的基地，能否培养出一大批具有创新精神和实践能力的创新型人才，直接关系到我国能否在21世纪的国际社会中占有一定的地位和具有较强的竞争实力。"创新是一个民族进步的灵魂，是国家兴旺发达的不竭动力"①。没有创新，一个民族就无法生存，就无法参与国际竞争，更谈不上发展与进步。而创新型人才的培养是创新的前提，是创新的载体和潜在形式。"要把发挥人的创造力作为推动科技创新的核心，人是科技创新最关键的因素，必须充分尊重人才、保障人才权益、最大限度地激发人的创造活力；要加大人才培养力度，使青年创新型人才脱颖而出"②。培养和造就创新型人才，不仅是创新教育论的核心、现代教育培育人才的指导思想、高等教育的办学理念和根本目的，而且是社会主义建设的需要、民族振兴的需要。在当今知识经济条件下，经济和科技的竞争，不仅是人才数量和人才结构的竞争，更是人才创造精神和创造能力的竞争。因此，对高校而言，创新教育是知识经济时代对人才培养的要求③。

改革开放 30 多年来，我国高校随着社会主义现代化建设进程的加快而得到快速发展，传统的思想政治教育专业难以满足创新型人才培养的需要，必须根据国家和社会的人才需求计划，不断进行人才培养的调整，面对改革开放和创新型国家建设的新形势、新情况、新机遇与新挑战，不断探索与创新。

1. 复杂多变的国际环境对高校思想政治教育创新型人才的需求

从国际环境来看，"和平与发展"仍然是时代的主题，其中最突出的明显特征是：政治多极化、经济全球化和文化多元化。党的十八大报告指出，我国面对复杂的国际环境的最大机遇和挑战，主要是全面参与经济全球化的新机遇与新挑战。而思想政治教育专业面对日趋复杂的大环境的最大机遇和挑战主要是：经济全球化和文化多元化对意识形态、爱国主义和传统文化的冲击，给思想政治教育专业带来的新机遇与新挑战。

经济全球化给思想政治教育专业带来的机遇主要体现在：一是全球化推动了思想政治教育专业理念和教育方法的创新，使得思想政治

---

① 中共中央文献研究室：《江泽民论有中国特色社会主义（专题摘编）》，中央文献出版社 2002 年版。

② 李克强在国家科学技术奖励大会上的讲话，2014 年 1 月 10 日。

③ 刘基：《高校思想政治教育论》，中国社会科学出版社 2006 年版，第 272 页。

教育专业具有更为开阔的视野，在学习、借鉴国外优秀教育的理念和经验中实现发展。二是经济全球化的深入发展，拓展和丰富了思想政治教育专业的教育内容，有利于培养大学生合作、民主、法律、国际意识等现代意识。伴随着经济全球化的进程，人口、资源、环境等问题日益国际化，全球问题也促使青年学生更为深刻地关注世界、认识世界，加强思想政治教育工作也成为青年学生健康成长的需要。我国在经济全球化进程中取得的成绩也使青年学生认识到社会主义的光明前景，使他们以更加开阔的视野去认识世界，增加发展社会主义的自信心。

同时，我们也应该看到经济全球化给思想政治教育专业带来的挑战。同样是伴随着经济全球化的进程，文化实现了大发展，国与国之间的文化也经历着大碰撞、大交融，文化多元化、思想多元化已不可避免。西方的政治制度、价值观念、生活方式对于青年学生产生了巨大的冲击，这对承担着主流意识形态教育任务的思想政治教育专业的工作构成了巨大的挑战。特别是我国加入世界贸易组织和国际货币基金组织后，在更广泛的领域和更高的层次上参与了经济全球化，这在政治、思想、文化、生活方式、心理状况等方面对整个国家产生了广泛而深刻的影响，也对我们的思想政治教育工作提出了新的挑战。主要体现在：一是经济全球化带来的思想意识形态的多元化，淡化了青年学生传统的民族团结意识和国家统一观念，冲击了社会主义主体意识形态，影响了爱国主义精神、集体主义的弘扬，给进一步引导师生坚定社会主义方向，增强国家意识，弘扬民族精神增加了难度。二是文化的多元化使得西方意识形态不断渗透，直接冲击着思想政治教育的主阵地即学校，影响师生思想、情感和价值取向，使其发展个性、追求个人利益的愿望日益强烈，甚至导致极端个人主义、个人利益至上。如何吸收和借鉴其他意识形态中积极的、普适性的思想文化成果，如何指导教师和学生选择符合中国特色的社会主义主导价值观，成为现代思想政治教育专业中必须研究和探讨的新课题。三是价值取向多样化。我国进一步开放和资本全球化流动为各种文化的广泛、迅速传播提供了载体和渠道，加上信息网络化的技术支持，致使多元文化的相互碰撞强化了价值取向的多样化。高等学校一向是各种文化的集散地，多元文化的碰撞会经常并直接影响师生的思想、情感、价值取向。文化多元化，决定了价值取向多样化。如何在多样性文化中、多样性价值取向上，帮助师生辨别、判断、选择、确立主导价值观，是思想政治教育专业工作必须解决的实际问题。

2. 社会发展形势要求思想政治教育专业不断创新

从国内形势看，中国的改革是全方位、深层次的改革，必然会给中国人的道德观念、思想观念、行为方式等带来深刻变化，同时也会给思想政治教育专业的工作带来深刻的变化，使得教育者在开展思想政治教育工作时，能更充分发挥主导性、主动积极性等，从而更好地丰富思想政治教育的内涵、创新思想政治教育专业的方式与方法、主动进行思想政治教育专业的科学研究，达到最优的思想政治教育效果；而那些受教育者——青年学生会更加积极主动地去思考和判断，有更多的选择空间，并充分发挥其主观能动性，在思想政治的学习过程中，不断进行自我学习、自我教育，逐步实现思想政治教育从"他律"向"自律"的发展。

同时，随着改革开放的进一步深入，中国在经济上已经成为世界第二大经济体，政治上社会主义民主的优势也不断显现，文化上呈现出百花齐放、百家争鸣的喜人态势。党的十八大报告指出：文化是国家综合国力竞争的重要组成部分。中国应不断发展具有中国特色的社会主义文化，用先进的文化引导人、用先进的文化陶冶人，不断提高中国人民的思想道德素质和科学文化素质，思想道德素质的提高是科学文化素质提高的前提和基础。学校是推动具有中国特色的社会主义文化不断进步和发展的首要阵地，不断提高在校学生思想道德素质是推动科技文化向着正确方向不断发展的重要保障。而学校的思想道德教育水平的提高正是有赖于思想政治教育专业的不断发展和完善，只有不断推进思想政治教育专业内容的创新，才能让学生更加乐于学习思想政治教育的相关内容，也才能更加深刻地理解教育内容，将思想政治教育中学到的知识用于指导实践，为社会创造更大的价值，做出更大的贡献。

在建设创新型国家的新时期，思想政治教育专业也面临着几大现实课题：一是如何在高举中国特色社会主义伟大旗帜，建设中国特色社会主义的背景下，形成有助于社会主义现代化建设的共同理想、价值观念和道德情操；二是如何在国家以经济建设为中心的前提下，始终做到物质建设、经济建设和政治建设相互协调和可持续发展；三是如何在改革开放、市场经济大发展的过程中，防止青年学生走进享乐主义、拜金主义、利己主义等方面的误区，抵制敌对势力对我国"西化"和"分化"的图谋。

3. 传统人才培养模式的弊端日益显现

传统的人才培养模式，过分强调单一的专业教育，形成了一整套过窄、过专、过深的专业课程体系。首先，这种"专才型"人才培养模式，在我国生产力比较落后，各行各业急需专门人才的背景下，曾发挥过积极的作用。但是，随着我国社会主义市场经济体制的建立和科技的迅速发展，传统的"专才型"人才培养模式逐渐暴露出种种弊端，如培养的学生知识面过于狭窄、文化素质有明显缺陷、适应能力和创造能力较差等。其次，这种人才培养模式重理工而轻人文，重知识、技术而轻能力、素质，重理论内容而轻实践环节，重知识现成结论而轻其发展形成过程，重教学内容细节而轻其系统和方法，重教师精心传授而轻学生主动学习，重教育目标共性而轻教育主体——学生个性，重对传统的继承而轻对现状的突破和面向未来的创新①。凡此种种，严重地束缚了人的思想观念的发展，影响了创新型人才培养工作的健康发展。另外，传统的思想政治教育专业人才队伍的素质不能很好地适应新形势的发展要求，面对新问题，既缺乏必要的理论武装，又缺乏有效的应对措施和解决方法；在工作方法和技术手段上也存在着滞后问题，很难满足解决学生思想和心理问题的需求。

为了消除以上种种模糊或错误的认识，顺应时代发展的新要求，为社会培养造就具有创新素质的优秀人才，实现科技创新和经济增长的持续发展，应该在继承和发扬优良传统的基础上，更新教育观念，

---

① 梁宪生：《谈谈创新人才培养体系的构建》，《思想教育研究》2001 年第 40—42 期。

加大教学改革力度，从教育思想、教育内容、教学方法、教学环境等方面进行全方位的改革，把培养创新型人才作为高等学校教育的核心，并通过制定各项措施，切实做好此项工作，担当起重塑和振兴中华民族核心价值体系的重任。

4. 科学技术迅猛发展提出了新的要求

科学技术的迅猛发展，让我们进入了一个信息获取便捷、传播快速的时代，拓展了思想政治教育专业工作的新渠道和新手段，为思想政治教育专业带来了诸多机遇，也提出了新的要求。

首先，大众传播媒体、计算机多媒体、信息网络技术丰富了思想政治教育的内容，优化了教育的手段和方法，使人们能够较快地掌握和收集最新的信息与资料，并对大学生的学习、生活乃至思想观念产生了广泛和深刻的影响。其次，网络技术突破了思想政治教育的时空界限，提供了一个更有力的教育环境。老师可以通过网络交流方式等及时地了解学生的思想动态和生活状况，学生也可以通过网络等自由地和老师、同学进行交流，获取信息，表达自身的意见或建议，减少了交流时间上和空间上的限制，为教育者和被教育者提供了信息交流的新平台，为思想政治教育工作的开展提供了便捷的新途径。最后，网络丰富的信息量、快捷的传播速度、实时的交互方法也大大扩展了思想政治教育的覆盖面和受众面。网络的存在与发展，也有利于提高思想政治教育的效率，有利于培养大学生的独立精神、创新能力，最终有利于提高教育的实效性。

有机遇就有挑战，科学技术的迅猛发展在给思想政治教育专业的发展带来机遇的同时，也带来了新的挑战，主要表现在：一是大量信息的传播，让学生在学习应用中不能对其进行很好的辨别，增加了学生辨别信息真伪的难度，容易造成大量信息囤积，不知道如何选择的尴尬局面；二是网络中存在的黄色、暴力等因素误导了学生的法律意识和道德意识，容易造成学生法律、道德缺失，人生观、价值观扭曲的现象；三是学生对计算机技术和网络的极度依赖与迷恋，影响了自身的学业发展，严重影响了其身心健康，给学校思想政治教育专业的工作带来了巨大压力；四是网络信息的"无障碍传播"增加了对思想政治教育工作进行舆论监督和控制的难度；五是西方国家企图西化我国青年学生思想的目标没有改变，利用网络进行意识形态和思想文化的渗透活动更加便利，而一些大学生对网络传播的各种信息缺乏一定的鉴别能力，容易迷失方向，甚至有的学生人生观、价值观因此扭曲。

科学技术迅猛发展，现代科学技术成果已被广泛运用于社会生活中的各个领域，大众传播媒体、计算机多媒体、信息网络技术的大量应用，给传统思想政治教育专业的手段带来了新的冲击，如何充分、合理地利用现代科学技术，增强思想政治教育的实效性，是思想政治教育专业工作者所要面临的新课题，这就需要培养更多的创新型人才，以应对新形式、新情况引发的新问题。

5. 思想政治教育对象的变化对创新型人才培养提出了新要求

我国虽然处在社会主义初级阶段，但是新时期的大学生多为"80后""90后"，他们出生于改革开放后，经济突飞猛进的时期，他们的价值观、世界观和人生观呈现出了许多新特点。全面认识思想政治教育对象的特点，是做好思想政治教育工作的前提，更是本专业人才培养方案制定的依据。良性的思想政治教育运行机制是建立在学生思想品德形成与发展的客观规律基础上的。因此，进行创新型人才培养的相关研究首先要了解被教育对象的特点。

（1）群体构成复杂。

如今的大学生都是在20世纪90年代以后出生并成长起来的，他们除了在多种所有制、多种分配方式并存，以及多种组织形式、多种生活方式发展的社会环境中生活外，还以社会阶层构成的多样化发展为自己的成长背景，经历了20世纪90年代后期开始的高等教育招生规模扩招，迅速接近高等教育大众化水平的变化。特别是在2001年教育部取消了关于普通高校招生"未婚，年龄一般不超过25周岁"的限制后，大学生群体中随即出现了"叔叔""阿姨""已婚一族"的学生和"三代同堂（课堂）"的特殊现象。再加上网络学院、成人自学考试等高等教育类型的迅速发展，该群体的构成就越来越复杂了。另外，传统的学生在校内集中居住、以班级为单位的组织形式逐渐弱化，校内外公寓居住和学生自行租房居住已成为客观事实，致使学生组织形式多样化。

（2）生理心理新特点。

由于物质生活条件的普遍改善，大学生的生理发展普遍呈现出成熟期前移的鲜明特点，到大学阶段，他们已经度过了生理发展的急风暴雨期，普遍进入生长稳定期。心理和思想的发展成为这一阶段大学生人生发展的主要议题。其一，心理成熟期后移。与20世纪80年代的同龄大学生相比较，当代大学生的理性思维相对缺乏，对深层次人生和社会问题的关注相对不足，心理的稳定性与心理承受能力相对较差，自我同一性确立时间推迟。其二，心理矛盾增多。当代大学生会遇到心理发展方面人际交流渴望与心理发展的相对锁闭性矛盾。如随着网络的发展，越来越多的大学生热衷于网上交流，然而人机交流，客观地对人际交流造成不利影响，诱发现实人际交流中的虚拟感，双方身份的隐匿性更是将不可避免地导致大学生对现实人际交流中真诚性的怀疑。其三，心理压力加大，心理问题增多。如人际敏感、强迫、偏执、抑郁、敌对性、焦虑和恐惧等表现。

（3）思想行为新特点。

改革开放的时代、日新月异的科技、五彩缤纷的生活，使得大学生的思想行为也发生着深刻的变化。其一，教育体制改革的日益深入发展，打破了高校围墙高筑、几乎与社会封闭隔绝的办学格局，从前两耳不闻窗外事的高校师生，已经走出校园，扮演着真正意义上的社会角色。高校思想政治教育的空间得以急剧扩展，从校园、课堂、书本，延伸到社会、国际大舞台，社会化程度日益提高。其二，通过网络，历史和现实、国内和国外的各种问题都可以成为当代大学生关注、品评、思考的对象，他们的思想关注点呈现出明显的宽域性特点。信息化社会中，各种思想信息的极度丰富性、迅速变化性，也促进了当代大学生思想文化需求的表层性发展。其三，当代大学生已经习惯于根据自己的理想来设定自己的价值目标，运用多样的价值尺度来看待他人和社会，从而对社会现实表现出更多的理解和宽容。并且随着高等教育大众化的发展，他们不再简单地批判社会现实，而是开始更多地承认社会现实、遵从社会规则，探讨社会如何更好地发展；

更加注重追求现实生活条件的实际改善和生活水平的实际提高；更加注重将自己的现实利益作为第一选择。其四，从思想现实来看，学生对国家要闻、世界新闻的关注明显减少，而是更加关注就业、股市、明星、体育等更加贴近实际生活的事件；从思想状态来看，他们思想积极主动，容易接受新事物、新观点，但社会经验缺乏，不能很好地把学到的知识运用到实践中去，经受挫折的能力较差。

大学生思想变化的新特点，对思想政治教育专业创新型人才培养提出了很多新要求，高校要更好地抓住思想政治教育对象的变化，及时改变教育方式、方法，以找到人才培养和社会进步的平衡点。

第四章　思想政治教育专业创新型人才的内涵

　　要迎接科学技术突飞猛进和知识经济迅速兴起的挑战，关键是坚持创新。创新是一个民族的灵魂，是一个国家兴旺发达的不竭动力，创新的关键在于人才，人才的成长靠教育。教育是知识创新传播和应用的主要基地，也是培育创新精神和创新人才的摇篮①。

　　什么是创新，什么是创新型人才？这是我们首先要搞清楚的基本概念。

　　对于创新，理论界有众多的解释。从本质意义上说，创新的含义是指在人类物质文明、精神文明的一切领域、一切层面上，能先于他人，见人之所未见，思人之所未思，行人之所未行，从而获得人类文明的新发展、新突破。也可以归纳为，创新是指在前人或他人已发现或发明的基础上，进一步做出新的发现、发明，或提出新的见解，创造新的事物，开拓新的领域，解决新的问题的活动。人才是指具有一定的专业知识或专门技能，进行创造性劳动并对社会作出贡献的人，是人力资源中能力和素质较高的劳动者。人才是我国经济社会发展的第一资源②。

　　而创新型人才，就是具有创新素质和创新能力的人才（见附表1：创新型人才应具备的素质和能力），创新素质是创新人才应具备的核心素质，也可以说是其灵魂，没有创新素质的人才，不能被称作创新型人才。创新精神、创新个性、创新才能作为一种宝贵的时代精神和特征，是现代社会人才素质的精华，也是高等教育的培养目的和重要

---

①　江泽民在全国科学技术大会上的讲话，1995 年 5 月 26 日。
②　《国家中长期人才发展规划纲要（2010—2020 年）》。

目标。创新型人才之所以能够为社会做出突出贡献，原因就在于他们具备了较高的综合素质，由量变到质变，取得了创新成果，成为创新型人才。高校作为创新型人才的培养主体，必须为学生解放思想、明确方向、开发潜能、发展个性提供强大的精神动力。就思想政治教育专业的创新型人才的内涵而言，既应当包含对本专业知识掌握方面的要求，更包含着对人才综合素质的更高要求，这种综合素质一般表现为以广博的知识为基础，以丰富的智能素质为依托，以优良的人格素养为支撑，以擅长创造性思考为引导。

一　突出的创新意识

创新型人才必须具备良好的创新意识，它是人类创新活动的内在驱动力，是人类创新能力得以发挥的潜在推动力，表现为崇尚创新，坚持不懈地追求创新，是整个人类社会持续创新的根本保障。创新意识是创新活动的前提，没有创新意识，创新活动无法进行。创新意识是一种独创性、原创性的观念和认识，是人们根据社会和个体生活发展的需要，引起创造前所未有的事物或观念的动机，并在创造活动中表现出的意向、愿望和设想①。具有强烈的创新意识，勇于在实践中打破常规，敢为天下先，具有战胜创新活动中的各种挫折与打击的毅力和勇气，坚持不懈地追求自己的理想信念，这是创新型人才区别于常人的显著特征。

创新型人才在意识方面，外在表现为强烈的创新欲望，内在表现为强烈的主体意识和竞争意识，创新意识是创新型人才素质最集中的体现。具有强烈的创新意识是知识经济对创新型人才的核心要求。随着科学技术的发展，知识经济越来越需要能够适应生产方式变革、头脑中充满创造智慧和革新思想的人。创新意识是创新活动的前提，有

---

① http：//baike. baidu. com/link? url = g - mj X2y6U0RHqs Igx2m FBIId Via0BP9to Sjr7dt Sicot D1pd_ B_ mh Oc KRzaxz Jsi.

了它，才有可能提出新观点、新理论，并运用新方法、新思路解决问题；才可能运用巧妙的想象、敏锐的直觉和灵感揭示事物的本质；才可能冲破思维定式，摒弃陈旧的思想和理论，运用运动和发展的观点把握变化的世界；才可能以怀疑和批判的态度打破常规，标新立异。强烈的创造意识能够使独具匠心的奇思妙想碰撞为创造火花，升华为科学的方法和策略。创新意识是驱使个体进行创造行为的心理动机，没有创新意识的人不可能进行创新和创造发明，创新意识是培养创新素质的前提。思想政治教育专业创新型人才必须具有突出的创新意识。

（一）好奇心和求异思维

意识是人们所特有的对于客观世界的主观映像。创新意识是在主观反映客观事物时所产生的一种怀疑的态度和改善的欲望，它具有好奇性和思维的多维性。创新意识一般是由于事物的刺激而引起的，往往具有被动性。创新的思想源泉就是：求异思维。而求异思维的内核是：敏于生疑，敢于存疑，勇于质疑。并由此源源生发出新异、多彩、多元的发展性、创造性、突破性的新构思、新思想、新思维。人类作为高级动物、高级生灵，其不同于其他生物的最本质的特征，就是会思考，会理性地思考，且能以语言表达自己的思维，以行为实践自己的思维。而这种理性思维中，最宝贵的恰恰是上面谈到的"发展性、创造性、突破性"这三性思维。人，人类自身，人类社会，也正是依托于、借助于这三性思维，才达到了今天这样高度开化的程度，这样高度文明的水平的。人们已经悟到，求异思维是孕育一切创新的源头。那么，阻碍求异思维的因素是什么？求异思维的对立面、限制面是什么？很显然，求异思维的对立面、限制面是求同思维①。因为，求异思维总是生发于疑、见思于疑、突破于疑，最后形成异彩纷呈的新思路、新见地。而求同思维则总是要求人们信于一统、定于一尊，在丰富多彩、多元的客观存在面前，强调和强求

---

① ［美］霍尔等：《荣格心理学入门》第 1 版，冯川译，生活·读书·新知三联书店 1987 年版，第 5 页。

主观观念、主观意念上的一元和一统，从而进一步影响、引导人们自觉不自觉地在各种认识活动、判识过程中排斥、戒除一切合理的疑心、疑虑，使人易于轻信，放弃独立思考、独立判识，乃至由轻信到"坚信"，再到"迷信"。结果往往导致人们从思想、观念到行动，所有的一切都逐渐陷于僵化、简单化、趋同化，最终使越来越多的人大脑中的求异思维、求异探索陷入迟钝、陷于冷寂、陷于麻木、陷入停顿。久而久之，人们普遍潜在的创新性思维源泉也必然随之渐趋枯竭。

（二）强烈的求知欲望

强烈的求知欲是人们产生创新意识和探索欲望的根源。求知欲是人们先天拥有的，但在个人的成长历程中，由于所生活的环境和所接受的教育程度不同，有的人求知欲增强了，相反有的人求知欲却减弱了。强烈的求知欲是实现创新的基本条件，它带动人们对未知领域进行不停地探索。爱因斯坦曾说过：我没有特别的天赋，我只有强烈的好奇心，推动我进行科学工作的是一种想了解自然奥秘的抑制不住的渴望，而不是别的感觉。这句话表明了他特有的科学涵养，就是这种爱寻本挖源的求知欲，驱使爱因斯坦不断地、长时间地、反复地思考一个问题，才使得闻名于世的相对论展现在世人面前[1]。

（三）强烈的尝试欲望

创新意识是人们在未知的领域和问题面前所表现出来的强烈的尝试欲望，并在创造活动中表现出来的意向、愿望和设想，它是一种不安于现状的求知和探索的意识，是人们进行创造性活动的出发点和动力，是意识活动中积极的、富有成果性的表现形式。创新意识是进行一切创造性活动的前提，创新人才通过创新意识的引导，自身充分调动主观能动性，产生强烈的创新欲望，树立创新目标、激发创新潜能，从而进行创新实践活动。

---

[1] 袁维新：《创新人才培养的另类思考——爱因斯坦给我们的启示》，《天津教育》2006 年第 7 期。

二　高度的政治敏锐性

政治素质是一种特殊的素质，是人们为实现本阶级根本利益而进行各种精神活动和实践活动的特定品质①。具体地说，政治素质是思想政治教育专业创新型人才的政治方向、政治立场、政治观点、政治水平、政治纪律、理论功底等方面的综合表现。

（一）坚定的政治方向

政治方向是一定阶级、派别、政治集团利益和要求的目标。政治方向是否正确是思想政治教育专业创新型人才政治本色的根本标志。它体现着培养人才的质的规定性，是由我们的社会主义制度和党的奋斗目标所决定的。作为创新型人才，应该具有热爱祖国、热爱社会主义、热爱党的深厚感情，应该具有为中华之崛起而发愤的崇高品质和远大理想，失去其，创造就失去了动力。

思想政治教育专业创新型人才应该坚定正确的政治方向。始终与党中央保持政治上的高度一致，要做政治上的"明白人"，坚定理想信念，自觉践行社会主义核心价值观，真正做到头脑始终清醒、立场始终坚定②。必须具有敏锐的政治意识和政治鉴别力，清醒地把握政治方向，从政治的全局观察和处理问题。在意识形态、价值观念、生活方式等领域，善于从政治上划分是非、善恶、美丑、荣辱界限，对于一切影响党和国家肌体健康的病毒具有较强的抵抗力和免疫力。只有这样，才能在错综复杂的政治条件下，分清是非，识别真伪，正确处理各种政治问题，收集政治信息，引导政治舆论，运用法律、法规和政策调动和储备政治资源，不断探索思想政治教育工作的新方法，开创工作新局面。如此，才会有长久的工作动力，才能在纷繁复杂的形势面前保持清醒的头脑，把握正确的政治方向。

---

① 波诺马廖夫：《共产主义辞典》，四川社会科学院出版社 1986 年版，第 187 页。
② 习近平在庆祝中国共产党成立 95 周年大会上的讲话，2016 年 7 月。

（二）正确的政治立场

所谓政治立场是指人们在观察和处理政治问题时的基本出发点和态度，它集中反映着这些人所代表的阶级、派别、政治集团的利益和要求。在阶级社会里，人们的阶级立场不同，对社会政治制度、法律制度、社会意识形态的基本看法、态度、思想感情就不同。思想政治教育者工作的特殊性，要求思想政治教育创新型人才必须站在无产阶级和广大人民群众的立场上，坚持四项基本原则，坚持党的基本路线，在思想上、政治上和党中央保持一致，警惕并抵制国外敌对势力的渗透和国内资产阶级自由化思潮的侵蚀，才能做好学生的教育和管理工作。只有具备了坚定不移的政治立场，创新型人才才能经受住各种诱惑和考验，成功地完成历史赋予的使命。

（三）鲜明的政治观点

政治观点是人们对有关政治问题的看法和主张，是思想政治教育创新型人才解决各种矛盾和问题的指南。鲜明的政治观点就是要在重大的原则问题上旗帜鲜明，划清基本界限。思想政治教育创新型人才应坚持以马克思主义、毛泽东思想、邓小平理论、"三个代表"重要思想和科学发展观指导自己的实践。要在什么是马克思主义，什么是非马克思主义，什么是唯物主义，什么是唯心主义，什么是科学，什么是伪科学，什么是社会主义，什么是非社会主义，什么是削弱党的领导，什么是加强党的领导等一系列问题面前始终保持清醒的政治头脑。

（四）较高的政治水平

所谓政治水平，主要是指政治上分辨是非的能力、政治敏锐性以及善于从实际出发正确处理各种政治问题的能力。较高的政治水平是思想政治教育创新型人才坚持正确的政治方向、科学把握各种社会思潮和思想问题、对受教育者有针对性地开展思想政治教育的关键。政治水平主要体现在思想政治教育创新型人才正确贯彻党的政策，按照党的政策，结合学生实际情况，正确区分不同性质的矛盾和不同事物的界限，如正确区分认识问题和学术问题的界限等。在现实生活中，各种矛盾往往交织在一起，思想政治教育创新型人才要熟悉并善于运用政策，才能有效开展工作。

当今世界政治多极化和经济全球化进程不断加快，国际不公正、不合理的经济政治秩序没有发生根本改变，强权政治依然存在，西方敌对势力对我国进行"分化""西化"之心未死。我国社会经济、文化生活正处在一个深刻变化的时期，人们的思想信念和信仰较易发生动摇，加之一些领域的道德失范、拜金主义、享乐主义、个人主义滋长和蔓延，致使不少学生对共产主义、社会主义理想信念产生怀疑。这样的国际国内形势大大加剧了思想政治教育工作的复杂性和艰巨性，也对创新型人才的政治水平提出了更高要求。

（五）严明的政治纪律

政治纪律是关于党内政治生活的原则和规矩，是规范和调整党的各级组织与全体共产党员政治行动和政治言论，使之符合党的政治纲领、政治原则和政治路线的行为准则。遵守政治纪律，就是要求思想政治教育创新型人才在政治问题上，在大是大非的原则问题上，旗帜鲜明地按照党中央的精神办事，决不能出现偏差。邓小平反复强调了政治纪律的重要性，要求所有干部必须自觉执行党的路线、方针和政策，不能搞上有政策、下有对策，更不能阳奉阴违，抵制和破坏党的路线方针政策的执行。遵守党的政治纪律，要求思想政治教育专业创新型人才从思想上、政治上、组织上与党中央保持一致，确保政令畅通。对教育者而言，严明的政治纪律是维护党的利益的重要保证，也是实现思想政治教育科学化、规范化的重要内容。如果不能在教育过程中贯彻党的路线、方针、政策，对党的政策评头论足，发表与中央精神不一致的言论，甚至对党的路线、方针、政策产生怀疑和不满情绪，就会起到一种反面宣传的作用，将会对大学生产生误导，严重损害党的利益，导致教育的失败。拥有严明的政治纪律，是思想政治教育者党性的体现，将会对思想政治教育的成败起到决定性的作用。

（六）深厚的理论功底

《教育部关于加强高等学校思想政治教育进网络工作的若干意见》中指出：培养一支既有较高政治理论水平、熟悉思想政治工作规律，又能有效地掌握网络技术、熟悉网络文化特点，能够在网上进行思想政治教育工作的队伍①。思想政治教育专业创新型人才必须具有较为深厚的马克思主义理论功底，不仅能准确地表达和阐明马克思主义理论，而且善于把学与用、知与行结合起来，运用马克思主义理论分析问题和解决问题。在思想上要正确认识思想政治教育工作的重要性，深入学生中间及时了解学生的实际困难和需要。帮助学生并关心学生，切实做到将解决思想问题和实际问题结合起来。

三　合理的知识结构

培根说"知识就是力量"，知识是力量的源泉。知识在创新型人才的培养中起着至关重要的作用，人类历史上的任何一次发明创造都是基于一定的知识基础而产生的。从一定程度上说，创新的过程就是对知识的运用过程，是对所学知识的转化与整合的过程。离开了知识，创新就是无源之水，无根之木。人类已经步入了知识经济时代，知识日益丰富深奥，这就要求我们培养的创新型人才的知识要兼具广度和深度。

（一）创新型人才必须具备合理的知识结构

所谓知识结构，是指人类知识在个人头脑中的内化状态。它包括各种知识间的比例、相互关系以及由此而形成的一定的整体功能。知识结构中的"知识"是各种信息的整合，它强调知识的系统性、综合性、整合性。作为知识结构的主体，不仅仅是对某一方面知识的掌握和运用，而且强调对各类知识的融会贯通。作为创新型人才，更应具备科学合理的知识结构，以实现社会科学、人文科学与自然科学的相互渗透。

工业化前的社会，知识总量的增长呈算术级增长，工业社会时代则呈几何级增长，而在知识经济时代，将呈原子裂变级增长。21 世纪

---

① 《教育部关于加强高等学校思想政治教育进网络工作的若干意见》，http://hxk.cn/edoas/website18/78/info26178.html。

是知识经济时代，是一个"知识爆炸"的年代，知识的更新与老化都在以前所未有的速度进行着。创新型人才应该具备科学合理的知识结构，因为创新的过程并不是对单一知识的运用过程，而是多种知识相互作用的结果。固然不同专业、不同领域的人的知识结构是不同的，都有一套适合本专业的知识结构，但是一般来说，创新型人才的知识结构应该包括以下三个方面：基础知识、专业知识和创新知识与技法，三者相辅相成，缺一不可。

1. 扎实的基础知识

广博扎实的基础知识是创新型人才知识结构的基础。很难设想一个知识贫乏、文化功底浅薄之人，能够具有不同寻常的创造力，能够做出创造发明的超群业绩。这就要求创新型人才既要具有深厚而扎实的基础知识，又能了解相邻学科及必要的横向学科知识，精通自己专业并能掌握所从事学科专业的最新科学成就和把握学科的未来发展趋势和走向。只有这样才能容易发现新问题，提出新见解，从而顺利地开展创新活动。基础知识是人类赖以生存和发展的基础，主要包括自然社会和人文社会等方面的基本原理、基本规律、基本范畴等知识，创新人才应具有广博扎实的基础知识，并通过积极的实践活动形成综合的知识结构体系，为进行创造性的学习和工作提供理论知识基础和可能。

俗语说"巧妇难为无米之炊"，没有广博的多学科交叉知识作铺垫，创新人才进行创新活动将会困难重重，力不从心。当今科技迅猛发展，知识更新不断加快，只有奠定了坚实的理论基础，才能从容地向新领域进军，才能具有可靠的应变能力和强大后劲，才能尽快地汲取新知识，掌握新技能，不断完善自己的知识结构。对于创新人才个体而言，只有以坚实、宽广的理论知识为后盾，即在头脑中存储了大量的原理、事例和经验等，才能谈得上用它们来进行思考和研究，对于创新活动的群体而言，则需要个体的知识结构之间进行良好的互补和个体间的团结合作精神。

2. 精湛的专业知识

专业知识主要指创新活动领域所需要的专业知识，包括直接用于发现问题、提出问题、分析问题、解决问题的知识。专业知识既包括所从事学科的专业知识，也包括邻近学科及必要的横向知识，这些知识是创新型人才提出问题、分析问题和解决问题的有效工具。精湛纯熟的专业领域知识是创新型人才知识结构的核心，也是创新型人才区别于一般人才的主要标志。专业知识指一定范围内相对稳定的系统化的知识，是特定领域、特定部门、特定单位的技术知识、工作原理或方法。创新型人才应具有坚实而精湛的专业知识，并通过自己的实践、钻研及时快速地了解、掌握和运用本领域发展最前沿的知识，能举一反三、推陈出新，在自己擅长的专业有所作为。同时，优秀的创新人才能够运用现有的知识、信息，创造新知识、新技术、新方法，为社会的发展与进步树立新的标杆。

3. 创新知识与技法

创新知识是决定一个人能否进行创新的关键，是在所从事的学科中突破问题，形成创新成果的特殊知识，具备了这种知识，创新将会事半功倍。虽然一个人具备了一定的专业知识和比较合理的知识结构，但不一定就能开展创新活动，因为缺少了运用这些知识的工具，创新知识与技法就是开展创新活动的工具，创新型人才必须具备这种能力，才能完成创新活动。

以上三种知识应该是一个互相联系、相辅相成的知识体系，对创新型人才思维和能力的提高将起到十分重要的作用。

（二）知识结构对创新的影响

基础知识是一个人提出问题、分析问题的基础，是一种系统性的、范围较宽的知识。专业知识是在基础知识之上的某学科或某领域更深层次的理解和认知，是解决问题的有效工具，而创新知识与技法是从事创新活动所特有的知识要求，也是一种特殊的工具，掌握了这方面的知识，就会事半功倍。对于创新型人才或有潜力成为创新型人才的人来说，三种知识并不是人人都具备的，或者说有的人虽拥有这种知识结构，但还不够完善，存在着这样或那样的欠缺，具体表现在以下几个方面。

基础知识不系统或重此轻彼。基础知识主要是在青少年读书时期积累的，受过正规高等学院教育的学生，一般都具有一定的基础知识。目前，中小学教育，乃至大学教育都倾向于全面化，这就是为培养广博的基础知识而服务。但我们应看到，不同的人有不同的爱好，从事不同的职业也会有不同的要求，这就出现了高中阶段文理科之分的现象。而过早地限定了自己学习基础知识的范围，在以后从事某项创新活动时就会发现自己的基础知识掌握得不够全面，在某些方面有欠缺，相应地将会出现创新障碍。

专业知识不专，掌握新知识的速度跟不上知识变化的速度。专业知识是解决具体问题的工具。因此，专业知识不专，就会成为创新障碍。当一个人看清了问题的实质，掌握了解决问题的途径，但苦于专业知识的匮乏或不精，就会感到无可奈何、力不从心。在科学技术日新月异的今天，专业知识不断发展、变化，如果对于专业知识不能及时更新、补充，在面对越来越多并且难度日益增大的问题时，则会更加束手无策。

缺乏创新知识与技法。虽然具备了基础知识和专业知识，但有时也无法开展创新活动，主要原因可能就是缺少了创新知识与技法这一工具，因为它是一种技能性的工具，是创新的武器之一，发挥着指南针的作用。

（三）知识结构方面的素质培训

针对上述知识结构方面的创新障碍，只有加强基础知识、专业知识和创新知识与技法的素质培养，才能为创新型人才搭建合理的知识结构。

1. 知识素质的培养

补充基础知识，使之系统化。基础知识是劳动者参加工作时就应具备的知识，通常情况下不应在创新型人才培养过程中再涉及。但有些人才基础知识可能很丰富，但基础知识的结构却不够合理，或者与所从事的工作的要求相比，在某些方面存在欠缺，这就需要对其进行基础知识的培训。在这方面，就要求创新型人才对照自己的工作岗位找差距，利用工作之余自觉地学习，补全残缺，并更新已落后的知识，从而提高自身素质。专业知识更新很快，每个人都需要不断补充新的知识，以适应新的工作要求。而创新知识与技法虽然是中高层次人才应具备的知识，但往往存在"书到用时方恨少"的情况。在创新型人才培养过程中，要特别注意甄别知识的质量，质量高的知识能够推动创新型人才的成长，相反，质量差的知识也可能成为人才成长的绊脚石。一般来说，以下知识有利于创新能力的培养：一是逻辑上有必然联系的知识。在创造活动中，人们要对知识进行整理、加工。但人的记忆力从一定程度上来说是有限的，如果知识具有逻辑上的必然联系，那么，就减轻了思维负担，提高了思维的效率。二是程序性知识。程序性的知识可以锻炼人的逻辑思维，使人们在创造性活动中的思维更加缜密，更加具有系统性。三是以主题为中心构成的结构性知识。以主题为中心构成的结构性知识，将专门的知识纳入了更普遍、更广泛的知识体系之中。使知识在内容上形成了从特殊到一般的知识等级，提升并增大了思维的灵活性和跨度，思维的跳跃性越强，创新的可能性也就越大。四是多方面、多类型的知识。人的创新能力是多方面的，创新的潜能在不同的个体身上会有不同的表现形式。如有的人擅长文学，有的人擅长理工，因而，提供多方面的知识以挖掘每个个体不同的潜能，为不同的创新能力提供原材料，就显得尤为必要。

要注意构建创新型人才的知识结构，注意知识的综合化架构。首先要重点增强人才的专业知识。当今世界，科技日新月异，知识的更新速度更是一日千里，尤其是对于创新领域的人才而言，谁掌握了最新的知识，谁就抢占了创新的先机。创新的事物之间是相互联系的，一个创新成果的产生不仅仅依靠专业知识，其他的辅助知识也是不可缺少的，某些辅助知识将会激发创新灵感的产生。比如基础知识，它是创新活动的基础，是一个人提出问题、分析问题所必须具备的。

注意知识的连续性和衔接性。知识最基本的特征就是动态性和连续性，如果出现知识的断层，对前期和后期的学习来说都是不利的。所以要构建学前、小学、中学、大学、研究生，学校教育和社会教育的持续链条，实现知识的持续增值。

2. 加强终身学习能力方面的培养

我们再也不能一劳永逸地获取知识了，而需要终身学习如何去建立一个不断演进的知识体系①。终身学习是当今社会发展的必然趋势，一次性的学校教育，已经不能满足人们不断更新知识的需要。终身学习能力就是指对不断变化的世界的实时反应能力，对新知识不断学习和吸收的能力，以及知识的迅速更新能力。这种学习能力是知识基础、学习方法和获取知识手段的综合产物。没有必要的知识基础难以理解新知；没有必要的学习方法难以汲取大量的新知；不掌握获取信息的现代认识手段就不能了解世界变化。瞬息万变的信息时代要求人们的知识与信息同步发展，甚至对信息具有一定的预测能力，这就要求人们具有不断更新知识的学习能力。学校应该不仅传授知识，而且应该培养和发展学生的终身学习的能力。教育必须是授人以渔，而不是授人以鱼。这是信息时代对创新型人才素质提出的挑战，是教育无法避免的挑战。大学生不但应该善于利用课堂和完成作业获取知识、提高能力，而且应该善于利用讨论会、电视节目、内容形式纷繁复杂的文字片段提高汲取信息的能力；还应该熟练地利用图书馆，熟练地使用电脑和利用网络搜索并加工信息；必须学会评价信息的意义，洞察信息的内涵，捕捉信息新的价值，观察其在变化中隐含的规律。学校应该义不容辞地承担起培养学生终身学习能力的职责。

四　较强的实践创新能力

总体而言，能力是指人们能够顺利完成一项目标或者任务所体现出的素质。从广义上来说，能力是指人们认识、改造客观世界和主观世界的本领。从狭义上来说，能力是指人们胜任某种工作的主观条件。

（一）能力对创新的影响

创新型人才能力方面的素质要求主要有观察能力、判断能力、记

---

① 联合国教科文组织国际教育发展委员会编著：《学会生存——教育世界的今天和明天》第1版，教育科学出版社1996年版，第62页。

忆能力、想象能力、创造性思维能力、动手能力、学习能力、组织协调能力等。这些素质对于一个创新人才来说，不可能全部拥有，对于一般人来说，更不可能全面掌握，而某一方面的欠缺又都会成为创新活动的局部障碍。具体表现如下：

1. 观察能力

观察是有目的、有计划的知觉，它具有探索的性质。观察能力是全面、正确、深入地观察事物的能力。只有及时发现问题、找到问题，才能分析问题、解决问题，才能实现创新。提出问题往往比解决问题更为重要，能正确地提出问题就等于解决了一半问题。而没有观察能力，对周围的事情熟视无睹，那就不可能发现新问题，提出新问题，更不可能进行持续的创新活动。

敏锐的观察能力是捕捉机遇的重要条件，观察能力强的人就会抓住更多的机遇，而观察能力差的人对于机遇视而不见，对于事物的变化也熟视无睹，漠然处之，这就是"机遇偏爱有心人"或"机遇是留给有准备的人"的真实写照。因此，观察能力不强就会成为创新人才进行创新活动的障碍。

2. 判断能力

分析判断能力，是对事物本质属性以及事物之间内在联系的深刻揭示能力。创新人才是创新活动的判断者、决策者，因此，判断能力是创新型人才的能力要求之一。创新型人才的判断能力集中体现在对问题的分析判断上，即人才在对创新活动的内外部影响因素进行周密细致的调查和准确而有预见性分析的基础上，确定创新活动的目标及其实施步骤。

创新型人才若具备了这种能力，就能够在纷繁复杂的各种事物中，透过现象看清本质，抓住事物主要矛盾，运用创造性思维方法，进行科学的归纳、概括、判断和分析，举一反三，触类旁通，找出解决问题的症结所在，还能够遵循事物的发展规律，预测到未来事物的发展变化情况，并据此分析、判断自己下一步的行动、对策。然而，若缺乏分析判断能力，对于眼前发生的变化或存在的问题，一筹莫展，即便付出再多的努力，也可能是事倍功半或一事无成，这也是创新的一大障碍。

3. 记忆能力

记忆是人脑对过去经验中发生过的事物的反映。记忆能提高人们的认识能力，是知识形成和发展的重要因素，是思维和联想的基础。判断记忆能力的指标是记忆的敏捷性、持久性、正确性和备用性，它们相互联系，缺一不可。创新型人才要有较强的记忆能力，才能够掌握创新所需的知识和经验。

人的记忆有好坏和强弱之分，是千差万别的，有人记得快、记得准，记忆量大；有人记得慢，记得模糊，记忆量小。后者对于创新型人才来说，就是创新障碍，影响对于知识的掌握和对问题的分析、判断以及问题的解决。

4. 想象能力

想象就是在人的头脑中，把过去感知的形象，加工成新形象的过程。再造想象和创造想象构成了想象的全部。没有丰富的想象力，牛顿就不可能从下落的苹果想到天体乃至宇宙内万事万物之间的引力，万有引力定律也就不可能产生。

想象的内容往往出现在现实生活之前，但是任何想象都不是凭空产生的，科学家提出大胆的假设，总是从客观世界的实际规律出发的。天生失聪的人绝不能想象出优美的音乐；天生失明的人也绝不能想象出春天的美景。缺乏想象能力，如同缺乏观察能力和分析能力一样，成为创新的障碍。

5. 创造性思维能力

思维是一种心理过程，是人们对客观事物的特征和规律的一种间接的概括反映过程。思维能力是人们在进行思维活动时，表现出来的个性心理特征。创造性思维是指重新组织已有的知识、经验，提出新方案或程序，并创造出新颖独特的产品的思维，它是创新活动中的一种特殊的、高级的思维形式，具有独立性、求异性、想象性、灵感性、潜在性、敏锐性等特征。各种创新都是以创新思维为前提，如果没有较强的创新思维能力，创新是不可能实现的。创造性思维能力是有别于常规的思维能力，它打破了常规的思维方式方法，对创新活动起着指导作用，通过创造性思维活动，能够抓住事物的本质和规律，能够间接地辨别客观规律。

缺乏创造性思维能力，就会习惯于因循守旧式的思维，看见一个球体只能想象为体育运动中的器材，而难以想象为宇宙的星球，这样的人进行创新活动，就可能一叶障目、无所适从。

6. 动手能力

动手能力是人类改造自然、变革社会的一个重要因素，对于从事创新活动的人来说，无论是体现在如硬件上的技术创新，还是体现在如软件上的制度创新，都离不开动手能力。前者最终体现在手工制作或产品制造上，是看得见的，后者的创新成果多体现在文字的表现上或诸如制度改变上，是无形的。无论这一成果是看得见的还是看不见的，它们都是客观存在的，必须有动手能力才能把这些创新意念变为现实，否则就是纸上谈兵。因此，动手能力的强弱往往是制约一个人创新成功与否的关键。模仿和尝试是创新的基本模式，也是动手能力的体现。

动手能力可以实现或检验创造性思维和想象，没有动手能力，创新意念只能停留在思维之中。

7. 学习能力

创新型人才要有学习能力，并养成自学习惯，不断地进行自我充实、自我提高、自我完善，从而为创新活动奠定坚实的知识基础。获取知识的能力在知识经济社会尤其重要，只有不断学习新知识，了解新情况，才能适应环境的变化，求得生存和发展。有自学能力的人会观察，能记忆，善思考，不迷信权威和已有的结论，敢于提出疑问，探求究竟。

知识在不断更新发展，知识对于创新型人才的要求也在不断升高。这就要求创新型人才或潜在的创新型人才必须具有一定的学习能力，尤其是自学能力，以便能够提高其自身知识水平，满足创新活动的需要。但是，往往有人不善于学习，掌握不住学习的要领。学习能力较弱的人的外在表现大概为观察速度慢、观察不准确、记忆速度慢、记忆不牢固、分析与综合能力差、独立解决问题的能力差、想象能力差、动手能力差。

8. 组织协调能力

良好的组织协调能力是指能够和不同性格的人相处，能够协调自己与同事的关系、协调同事之间的关系，既能坚持原则，又能保持一定的灵活性。这些素质都为创新活动提供了良好的人际关系氛围，有利于解决创新活动中出现的各种问题与矛盾，为创新活动的成功注入催化剂。

组织协调能力不佳主要表现在协调意识淡薄，不善于与持不同意见者合作、共事，在学术上不善于开展有益的争论，不轻易接受他人的学术观点、思路，在管理工作上不太民主，不善于听取他人意见，对于存在的矛盾不愿意化解，处事较主观、武断，协调能力较弱，视野狭窄，只知道自己埋头苦干，不善于统筹安排，不能将创新小组成员进行科学分工、协作，不能有效协调成员间的关系和矛盾，不善于调动大家的积极性。这些问题的存在，将会严重阻碍创新活动的开展，而且难以多出成果、快出成果、出大成果。

（二）创新型人才应具备较强的实践创新能力

实践创新能力是指影响创新实践活动效率，促使创新实践活动顺利进行的主体心理条件，主要包括基本能力、思维能力和综合能力，其中最核心的是思维能力。创新能力是人的智力转化为物质力量的凭借。创新能力中的基本能力是指人们进行创新的基础能力，包括观察力、记忆力、想象力、注意力等；思维能力的核心是创新思维能力，创新思维是能够产生新颖结果的思维，是一种有意识的思维活动；综合能力包括学习能力、表达能力、操作能力、实践能力、与人沟通与合作的能力等。创新能力是科技创新思维获得实现的载体，因而是创新素质培养的关键，是创新素质结构的操作系统。它具有多样性、协调性、灵活性、综合性等特征。

1. 创新思维能力

心理学家斯腾伯格的思维风格模型解释了个体的思维风格对创造力的影响，按照他的观点，人的思维风格可以分为三类：立法的、执法的、司法的，他认为，创新型人才具有立法风格。也就是说，创新型人才的思维更倾向于去系统地阐述问题，创造新的、全面的观点①。

创新思维能力是创新型人才最突出的能力。他们在生活和工作中，具有敏锐的观察力，善于观察事物的发展变化规律，从中发现问题。同时，他们通过丰富的想象力与科学的思维能力，针对发现的问题，提出新的设想。在创新活动中，必定是由创新的思维产生创新的成果。创新是一个破旧立新的过程，要立新就需要用新的思维来思考问题、分析问题，从而打破旧有的东西。创新思维是有别于常规思维的，常规思维是运用已获得的知识经验，按现成的方案解决问题的思维。而创新思维是运用独特的方式方法，打破常规，积极主动地解决问题。创新思维从两个方面实现了信息的加工，一是通过新的知识来实现信息的增值，二是用新的方法突破原有知识，实现信息的新功能。创新思维具有独创性、求异性、灵活性、敏捷性、突发性、跳跃性、联动性、综合性等思维特征。创新思维的思维形式主要有联想、想象；灵感、直觉；发散和收敛；逻辑思维等。创新思维不是一种独立的思维方式，而是多种思维有机结合的产物。

2. 创新能力

能力是一个人把自身的素质与掌握的技巧和知识加以运用，创造出成果的一种技能。创新能力是一种综合能力，它的形成、发挥和发展，依赖于人的某些心理品质和素质，反过来，人们所掌握的知识、思维等素质也只有转化为创新能力，才能得以发挥。创新能力是一种首创前所未有事物的创业敬业精神和勇于开拓的品质，是一种综合能力，它的形成、发展与发挥，依赖于人的某些心理品质，它是创新型人才所应具备的关键素质。创新能力直接影响和制约着创新实践活动的进行，是创新实践活动赖以启动和运转的操作要素。

对于创新来说，有两种最重要的个性品质：保持惊奇和自我信任。创新能力离不开创新的欲望，一个麻木冷漠的人是不会有很强的创新欲望的。对事物有强烈的好奇心、感受力和探索未知的兴趣，创

---

① Sternberg R J. Mental Self – government, a Theory of Intellectual Styles and Their Development. New York: Human Development, 1988: 197 –224.

新的欲望才会油然而生。因此，能够"保持惊奇"，是一种与创新相关的重要心理品质。同样，很难想象，一个自卑的人，会有很强的创新能力。为了获得心理上的安全感，自卑的人会倾向于顺从权威、他人和陈规；而创新却至少意味着双重风险：失败的风险、人际关系的风险（不被理解，甚至是被排斥、打击）。自我信任的人，他们心理上有足够的安全感，不在意别人怎样看自己，他们的自我评鉴点是内在的，而非外在的；即使失败，他们也不会全面否定自己的价值。这是很多人面对挫折和失败坚韧不拔的重要原因。

从构成上来看，创新能力应该包括以下几个方面的能力：一是发现问题的能力。善于发现问题是创新型人才的一个明显的特点。爱因斯坦曾经深有体会地说：提出一个问题，往往比解决一个问题更重要。因为解决一个问题也许仅是一个科学上的实验技能而已。而提出新的问题、新的可能以及从新的角度看旧的问题却需要有创造性的想象力，而且标志着科学的真正进步[1]。如果发现不了问题，就失去了破旧立新的机会，创新也就无从谈起。二是分析问题和解决问题的能力。这是创新型人才综合运用自己所学知识和技能的一种能力，能够把提出的问题解决好，才算顺利地完成一次创新。三是创造开拓的能力。这是创新的核心能力，也是体现创新型人才特色的能力，创新型人才只有具备了这种破旧立新的能力，才能把提出问题、分析问题和解决问题的能力创造性地运用起来，创他人所不能。

3. 实践能力

实践是人类有目的地改造自然、社会和自身的一切实际活动，实践能力则是人们能够顺利完成有目的的实际活动的本领。实践性要素是创新型人才发展过程中不可缺少的一部分。创新是一次前所未有的破旧立新的过程，创新的成果需要接受实践的检验，在实践中得到完善和发展。创新能力如果不能在一定的实践领域、范围内帮助人们改变环境或改变人们自身，那么创新能力将毫无意义。实践能力是一种动手的能力，对于从事创新活动的人来说，无论是体现在硬件上的技

---

① 华应龙：《我是怎么想到的》，《人民教育》2009 年第 25 期。

术创新，还是体现在软件上的知识创新，都离不开动手能力。无论一个人的想法多么新颖和高明，都必须有动手的能力将这些创意和意念变为现实，否则就只能是纸上谈兵。实践能力的强弱往往是制约一个人创新成功与否的关键，一个人要实现自己的创新性设想，需要运用某些工具把自己的设想表达出来，并通过实践活动使之变为现实。个体的行为能力是以实践活动为主体的，创新活动是智能、知识和实践三者相互作用的综合结果，在将"知识"转化为"创造力"，再把"创造力"转化为"创新现实"的过程中，每一个环节都离不开实践，实践是创新的桥梁。一个人不仅要有知识作为基础，而且要经过严格的基本技能训练和很强的实践运用，才能为社会提供有价值的新观念、新理论、新设计、新产品。所以，创新型人才应该具备实践能力素质。

加强实践能力的培养，是时代发展的要求，是实施素质教育，提高人才培养质量的重点。应多视角把握实践的内涵，确立实践活动在人才培养中的重要地位。实践的特征和功能决定了实践能力的培养始于实践，终于实践，又贯穿于实践能力培养的始终；"教"与"学"是一种实践活动，实践教学是教学实践的重要组成部分；实践教学的各个环节以其"亲身经历与感受"的特征，对培养学生的实践能力发挥着其他教学无法替代的特殊作用，在人才培养的过程中占有极其重要的地位①。

另外，创新型人才是社会中工作、学习和生活的一分子，这就决定了他们离不开社会中的人际环境，也不可避免会遇到各种问题和矛盾，这就需要他们具备一种沟通能力、人际交往能力、协调能力；同时，创新活动也不是单一个体的独立作业，创新成果的完成往往需要一个组织和团队的共同参与，这就需要创新型人才有较强的团队协作能力。具备了这些能力，他们才能够和不同性格的人相处，能够协调自己与同事的关系、协调同事之间的关系，在团队活动中学习和发

---

① ［美］马斯洛：《自我实现的人》（第 1 版），许金声、刘锋译，读书·生活·新知三联书店 1987 年版。

展，为创新营造一个良好的环境氛围。同时，创新型人才具有较强的获取知识的能力。他们有旺盛的求知欲，能够及时了解、掌握和应用专业领域的新知识、新技术，并且善于在旧知识的基础上，对所学新知识进行分析、综合与归纳，内化为合理有用的综合知识。创新型人才还具有独特的解决问题的能力。他们在工作、学习中，善于运用分解和综合的思维方式来解决问题；善于运用辩证和逻辑的思维方式来解决问题；善于运用他人成功的经验来解决问题。

（三）能力方面的素质培训

针对能力方面阻碍创新型人才培养的不同障碍所在，应采用不同的培训内容，加强培训。

1. 观察能力的培养

观察事物，要确定观察对象、目的、步骤和方法，持之以恒，就能养成良好的习惯。首先要培养观察兴趣。没有兴趣，就不会细致、重复、长久地进行观察。其次，要培养良好的心理品质。观察要求深入，追本求源，要认真、细致，排除主观因素，不要有先入为主之见。最后，要培养良好的观察方法。在观察过程中，既要注意对事物的整体进行观察，又要善于观察事物的细节。这样才能既全面又深入地掌握观察的对象，这是培养观察能力的重要方法。

2. 判断能力的培养

在学习知识和处理事务的过程中，要做到理论联系实践，多进行案例分析，才能提高分析判断能力。在学习知识和掌握信息的过程中，还应不断地获取新知识、新信息，因为新的知识和信息能够使人们提高对新生事物的准确判断力。

深入实际，了解实际情况，才能够根据事物变化、发展的情况，找出其规律，结合具体情况来抓住其本质，分析、判断其发展趋势，从而培养判断能力。否则，不深入实践，隔山观海，便不可能培养准确的分析判断能力。

3. 记忆能力的培养

培养记忆能力，首先应加强记忆能力锻炼，即集中注意力、明确记忆目标、采用多渠道信息刺激、积极思维、力求理解、加强重复记忆。其次，讲究记忆卫生。注意勤用脑、善用脑、合理用脑，利用好最佳记忆时间段——早晨时间和睡前一段时间，注意劳逸结合、保持愉快心情。最后，掌握记忆技巧。科学的记忆方法，能使记忆事半功倍，不同的人应采用不同的记忆方法，如分段记忆法、重点记忆法等。

4. 想象能力的培养

若要具备良好的想象能力，应积累丰富的知识和经验，为想象提供一定的基础。首先，培养好奇心激发创造性想象。富于想象的爱因斯坦说过："我没有特别的天赋，我只有强烈的好奇心。"丰富的情绪可激发人的想象力，进而开展想象活动，在此之下，想象力得以充分发挥，易取得辉煌的创新成果。其次，培养捕捉灵感的本领。创造性想象与创造性思维，如同火花一样，稍纵即逝。因此，在发现问题或解决问题的过程中，就可能产生突如其来的新想法、新观念，这就是创造性想象或创造性思维的产物，应该迅速而准确地将其记录下来，然后对其进行加工或进行试验检验，将很有可能获得较具价值的成果。

5. 创造性思维能力的培养

培养创造性思维能力，首先要了解"思维科学"的规律和方法。通过概念、判断和推理的方式，合理运用分析和综合、比较和归类、抽象和概括、系统化和具体化、归纳和演绎等科学方法。其次应培养独立思考的习惯。爱因斯坦曾说过："发展独立思考和独立判断的一般能力，应当始终放在首位。"要不断地丰富自己的知识和经验，建立合理的思维能力结构。

创造性思维是一种打破常规思维习惯的思维。这就要求创新型人才一方面要具备打破常规思维的创造性思维方式；另一方面要使这种勇于挑战、打破常规的思维方式形成一种习惯，遇到问题要习惯性地用创造性思维去思考。这种习惯的形成离不开长久的训练，所以，创造性思维还要依靠创造性思维训练。大量关于学生创造性思维的实验表明，专门的创造性思维训练可以使学生的创造性思维测验分数提高10%—40%。创造性思维训练应该包括分析力、推理力、思维持久力、飞跃力等的训练，帮助创新型人才摆脱定向思维、从众思维、机械思维等，掌握新的创造性思维方法①。创造性思维的训练应该开始于幼儿时期，因为幼儿时期的思维方式对个人一生的影响非常大，所以，从学前教育、小学教育开始就要对其思维进行创造性训练，包括逆向思维、联想、想象等的专门思维训练和组织学生参与竞赛等思维实践训练等，让他们从小就形成用创造性思维来思考问题、解决问题的思维习惯。当然，由于惰性因素的存在，创造性思维的训练和培养必须贯穿于人的一生，要不断为其提供培养创造性思维的素材，以使其思维更加灵活。

6. 动手能力的培养

培养动手能力，首先应重视培养动手能力的自觉性，并掌握动手操作中必要的基本知识。操作本身是一个复杂的过程，必须遵循一定的规律，也需要很多基本知识。其次，在动手操作过程中要积极开动脑筋。积极思考操作目的是否明确，设想、方法、步骤和注意事项等是否具体，操作过程中是否善于发现问题、分析问题和解决问题。

7. 学习能力的培养

要培养良好的学习能力，应做到以下几点：①要有正确的学习动机。无论是为社会发展还是为企业的生存或是为自身的职业发展而学习，都会激发人们克服各种困难，奋发学习的热情。②培养学习的信心和意志。一些在学习上未取得成功，或未能在一些大型考试中取得成功的人，总将原因归结为自己的智商低，不适合学习。其实，学习能力是在实践中逐渐培养的，有些人只是学习方法有问题，并非智力问题。只有树立了坚定的信心，才能培养学习能力，进而获得学习上的成功。③在学习中坚持独立思考。独立思考是提高学习能力的关键，在学习过程中要养成提出问题、自己分析问题的习惯。在学习中遇到问题时，要动脑筋反复琢磨，不要轻易问人。④培养稳定的学习情绪。有些人具有强烈的求知欲，但是遇到困难时，常常表现为情绪

---

① 王根顺、王仲玥：《创新型人才智能特点及开发探讨》，《中国石油大学胜利学院学报》2008 年第 12 期。

低落，培养稳定而愉快的学习情绪，是培养学习能力所必需的。⑤掌握学习方法。在学习的过程中若掌握了读书、记笔记、写学习心得以及灵活使用工具书等方法都能促进学习能力的提高。

8. 组织协调能力的培养

培养组织协调能力，应从以下两方面入手：第一，强化协调能力培养意识。一方面，要强化自我培养意识。造成组织协调能力低的原因是多方面的，如主观因素有性格上的孤傲，品质修养上的自我意识太强、容易骄傲自满，思想上的偏激或狭隘等；客观因素有大家的过分吹捧，组织的过分"娇宠"，造成个人英雄主义、"唯我"意识膨胀，从而丧失协调意识、协作精神。所以要引导他们客观实际地分析自我，寻找自身的欠缺，加强对个案的剖析，查找成败与"协调"的关系，从中获得对"协调"重要性与必要性的切身感性认识，这样就能为自觉地自我培养打下基础。另一方面，要强化管理者意识。作为管理者也应分析创新活动成败的经验、教训，分析创新型人才成长的得与失，从而充分认识协调能力与素质对创新活动的重要性，为有意识加以培养打下基础。

第二，加强对集体意识与协作精神的培养。集体意识、协作精神是协调能力的具体表现，是协调能力与素质培养的思想基础，是在长期的实践中潜移默化形成的。首先，要培养公心、合作意识、大气度、大视野，使他们不仅学高为师，而且德高为范，增强其人格魅力。其次，要开展有益的集体活动，为建立良好的人际关系打下基础。最后，要处理好主角与配角、个人与集体、成功与失败的关系。

第五章　思想政治教育专业创新型人才培养体系

当前，我国思想政治教育专业本科人才培养体制与教育教学还存在着诸多问题，影响着创新型人才的培养质量，如思想政治教育专业具有较强的时代特征和意识形态性等。30多年来思想政治教育专业的专业设置与人才培养体制并未发生较大的变化，对社会发展与人的发展需求的反应相对迟滞。思想政治教育专业设置虽进行过几次调整，但从整体来看，专业设置及人才培养体制的确立还不能充分满足社会对思想政治教育专业人才的需求。再如，长期以来，思想政治教育专业的办学方向、培养目标、教学计划、课程设置、教学内容和方法在"专"与"全"上纠结着，以致课程门数多、学时多，学生负担重，实践时间相对不足，学生实际工作能力差，难以适应新时期思想政治工作的要求。主要体现在：基础课程学时偏多，课程的综合性不足；重知识传授，轻能力的培养；知识传授的方法死板僵化等。创新的不足导致思想政治教育专业大学生普遍缺乏创新素质，毕业后难以适应社会就业岗位的需求，与其他专业毕业生相比较，在就业时面临着更多的困难，就业率普遍较低。究其根本原因，是思想政治教育专业培养的专业人才难以适应社会需求，普遍存在诸如专业口径窄、实践能力有限、竞争性不足等弱点。面对困局，有效的做法是：加强创新型人才培养体系和模式，以通识教育为基础，以能力培养为本位，以创新性专业素质为核心，变革现有的思想政治教育专业教育教学体制与机制，构建与时俱进、适应当代社会发展的思想政治教育专业创新型人才培养体系。

一　激励创新的文化氛围

形成激励创新的大学文化是构建创新型人才培养体系的重要环节。

文化影响力是大学软实力的核心，大学之间软实力的差异很大程度上是大学的文化差异。从传统、现实以及中外教育、文化比较中汲取优秀的文化精髓，形成先进的大学主流文化，是大学转型期文化建设的一项重要任务，对大学的创新活力和人才创造性的培养具有重要意义。因此大学需要真正确定以人为本的教育和治学理念，重视知识传授和能力训练，更要注重培养对象的全面发展和个性的充分发展。

（一）兼容并包的文化包容性和人才多样性

尊重人才的多样性，既是尊重人才成长的客观规律，又是不拘一格造就创新型人才的必经之路[1]。科学、系统的制度设计是形成民主、宽松、开放、和谐的大学文化的保障。在教学管理制度方面，学校通过实行学分制和弹性学制、主辅修制、导师制，支持学生的科技创新和科技实践，让学生在选课、选师、选时上具有更多的自主权，为学生个性化培养和多样性发展开辟更加广阔的空间。在科研管理体制方面，以院系为依托建立各种科研组织，促进科研工作与人才培养的紧密结合；同时，鼓励跨学科组织科研创新团队，鼓励学生独立申请或参与教师的科研项目，为创新人才培养创造更好的环境氛围。在学生评价体系建设方面，革除长期以来单一培养模式下形成的僵化的专业理念，适应新人才培养模式而构建新的评价体系。改变"单一标准"和"整齐划一"的制度，更加注重能力和素质的考核，允许有不同，鼓励"多样化"的评价标准，以激发学生的创造性思维。

（二）营造良好的创新校园文化氛围

高校的校园文化是在大学教育理念的指导下，通过对独特文化的

---

① 杨波：《新时期高校学生工作研究》，中国原子能出版社 2004 年版，第 69—71 页。

具体活动的发展形成的。良好的创新环境是培养创新型人才的必要条件。环境对教育的作用历来为教育家所重视，校园文化作为一种德育环境，对大学生的思想品德的形成具有直接、深刻、持久的作用，使大学生在不知不觉中受到潜移默化的影响。建立一种健康、良好的校园文化是实现人才培养的一个重要途径①。要使创新型人才培养收到更好的效果，校园文化环境建设必不可少，要着眼于营造创新型人才培养的浓厚氛围。

校园文化建设要赋予创新的思想和内容：倡导拼搏进取、自觉奉献的爱国精神。求真务实、勇于创新的科学精神，团结协作、淡泊名利的团队精神，敢于探索、健康向上的创新文化氛围。激发学生的积极性、创造性，让学生在浓郁的学风和良好的科技创新环境中成长成才。

首先，开展高品位的校园文化活动，用丰富的文化载体感染人，如邀请国内外专家、学者来校作学术报告，举办知识竞赛等活动，营造浓厚的学术氛围。同时要注重引导与渗透，始终把握活动的发展方向，使学生接受更多、更新的专业前沿信息，更好地激发学生对学科的兴趣，培养学生对学科研究的参与意识、科学事业心和科学探索精神。创造一个民主的、自由的环境。培育自由思想、独立精神和自由讨论的风气，在争鸣中不断地激发学生们的灵感，不断地巩固知识，不断地进行创新。另外，营造创新氛围的人文环境，如校园公示栏、校史博物馆的展示内容，教室、教学楼的名言警句或者学校的宣传标语和口号都可以将创新作为主题，这些或多或少都会对学生产生影响。

其次，充分利用网络资源，拓展思想政治教育与心理健康教育的新路径，利用网络的直观性、双向互动等性质，全方位、多角度地开展思想政治和心理健康教育，可以通过网络及时、准确地了解学生的心理动态和思想实际，通过分析研究，对症下药，及时引导，沟通化解。

再次，优化创新教育硬件环境的建设以及扩大创新教育软环境的范围。硬件环境方面，如：建设能跟得上时代，满足现代教育需求的

①　王伟廉：《高等教育学》，福建教育出版社 2001 年版。

一流教学设施、科研基地、实验室、图书馆、实训和实践基地等，并增加各类先进的设备；淘汰旧的、过时的书籍和杂志，定期更新图书库，建有一定规模的电子阅览室。软环境方面，如：组织举办各种校园创新实践活动；创作具有自己学校明显风格的校歌；开展为创新人才提供良好身体素质的各类比赛活动；为锻炼学生的劳动意识和团结互助意识，组织开展寝室文化节、评选优秀班集体；等等。

最后，在校园内创设以学生为本的环境和氛围，关注学生的需求，倾听学生的建议，为学生提供宽松、和谐、自由、民主的气氛，让学生轻松、愉快、自由地参加创新活动，鼓励他们大胆地去追求、探索、创新，这样他们才能创新、超越自我，才能创造出成果，更好地为社会服务。

总之，在活跃的校园文化氛围中，无论是对校园环境硬件设施的建设、软环境的营造，还是人文环境的创设，都应该与创新型人才培养有机结合，通盘布局、整体规划，做到目标明确、职责到位、机制健全，形成一个有利于创新型人才培养的校园环境。自由、民主、和谐的校园环境对于创新型人才的培养具有无法取代的作用。

二　创新型师资队伍建设

加强创新型师资队伍建设是构建创新型人才培养体系的重要保障。

常言道：名师出高徒，将门出虎子。创新型人才的培养，根本在教育，关键在教师，没有一支高素质的教师队伍，创新型人才培养的重任是难以完成的。法国教育社会学家埃米尔·涂尔干也曾指出：这是一个很实际的问题，教育的成功取决于教师，然而教育的不成功也取决于教师[①]。因为教师是教育的载体，是培养创新型人才这一艰巨

---

① 眭依凡：《大学，如何培养创新型人才——兼谈美国著名大学的成功经验》，《中国高教研究》2006 年第 12 期。

任务的具体承担者。高校教师扮演着知识的传授者、价值导向者、智力开发者的重要角色。建设一支结构合理、素质较高、具有创新意识和奉献精神的师资队伍是培养创新型人才的关键。首先，教师是能否正确识别并承认学生创新行为的关键因素，对学生以后创新能力、创新意识的培养具有决定性的影响。其次，教师对是否能有效促进和激发学生创新能力和创新思维的进一步发展具有重大影响。在教学各个环节中，教师如果能有意识地将其创造性的思维方法传授给学生，并不断挖掘学生的求异思维潜力，给他们提供创新的机会，有利于创新型人才的培养，反之亦然。因此师资队伍建设在高校创新型人才培养过程中发挥着极其重要的决定性作用。

那么，创新型教师应具备什么样的条件？日本创造学家恩田彰认为创新型教师应具备如下条件：具有创新能力及强烈的求知欲；努力设法形成高创造性的班集体；能够营造宽容、理解、温暖的班级气氛；具备与学生共同学习的态度；能够创设良好的学习环境；注重对创造性活动过程的评价以激发学生的创造渴望。[①] 因此，思想政治教育专业的教师要做到"内外双修，双剑合璧"——内修理论涵养，提高创新素质；外积实践经验，培养创新能力。要把教学从程式化地、机械性地记住结论变成一种智慧的启迪，更重要的是要把追求科学、追求创新视为自己学术生命的高水平，把发现、培养、扶植优秀学生视为自己的天职。

（一）加强创新型师资队伍建设的主要途径

可以通过宣传、指导和营造氛围，引导和激励教师更新观念，改进教学方式、方法，主动发现并积极鼓励学生发挥其创造性，把培养具有创造力的人才作为教育的根本任务。

第一，建设一支素质高、业务强的专兼结合的思想政治教育专业教师队伍。要充分利用各种资源，巩固、更新、增加思想政治教育专业的教师数量，没有一定数量的专业人才作为保障，思想政治教育专业就难以有效开展，要立足现有师资、自有师资，通过走出去、请进

---

① 张文新：《高等教育心理学》，山东大学出版社 2002 年版，第 213 页。

来，学中用、用中学、学用结合的培养发展计划，盘活现有师资资源，按照创新型人才培养模式的教学计划结构和课程分析结果，对现有师资进行素质重构；同时，通过聘任关系获得一定比例的、规模相对稳定的、在思想政治教育专业领域内有较大影响的、经验丰富的专家学者，组成弹性师资队伍。"双师"型师资队伍的建设，既充分利用了现有师资，又积极共享了社会资源，为本专业创新型人才的培养提供了重要的师资保障。

第二，在教师中树立终身学习思想，不断提高教师的知识水平和教学业务能力。高校教师是知识的重要传授者和创造者，是创新型人才培养的导师，只有不断学习，积极探索，勇于创新，才能跟上时代步伐，立于学科前沿，适应创新型人才培养的需要。要针对思想政治教育专业特点，制定一系列配套政策，鼓励教师参加各种培训，接受各种提升学历层次的教育，为教师到外校、外地、外国参加各种学术交流，提升自身文化水平，开阔眼界提供便利。

第三，加强对思想政治教育专业教师进行专业技能的训练，强化其专业实践能力。教育教学的目的是突出培养专家型人才所应具备的"一般基本技能"和"终生学习技能"①。思想政治教育专业具有明确的职业倾向，是一门实践性和应用性较强的专业。高校应采取建立思想政治教育技能实验室项目、使用各种心理分析及道德教育个案评价等方式方法，加强教师技能的培养。目标是培养实践能力较强的创新型人才，因此必须强调把思想政治教育专业的实际工作能力培养贯穿于教学全过程。为适应培养创新型人才的需要，在教学体系安排上，要构建理论传授与实践训练相结合的模式，尤其要注重实践训练基地和方法的建设，优化学生的知识结构，满足思想政治教育专业创新型人才培养的需要。

第四，提高思想政治教育专业教师待遇。思想政治教育专业的队伍要发展壮大，除鼓励队伍骨干人员安心工作外，还应在政策和待遇

---

① 陈萍、臧伟进：《西方现代教学理念与策略之剖析》，《中国高等医学教育》2005 年第 3 期。

方面给予适当倾斜，以吸引更多的优秀人员加入这支队伍。这些倾斜政策应对思想政治教育专业队伍成员的外出进修、岗位津贴、奖酬金、晋升职称等做出明确的规定，使高校思想政治教育者工作有条件、干事有平台、发展有空间，真正做到政策留人、事业留人、感情留人。给予思想政治教育专业教师更多的人文关怀①。在工作上多帮助，在生活上多照顾，尤其是要解决思想政治教育者现实中遇到的诸如住房、交通、资料获得等方面的问题，使其没有后顾之忧，可以全身心投入到工作中。同时，对于工作成绩优异的教师要大胆提拔任用，根据工作需要，向校内管理工作岗位选派或向地方组织部门推荐，以便发挥其更大的作用。

（二）教师自我创新能力的提升

创新精神不是与生俱来的，教师在教学过程中通过指导、示范并通过一系列科学的方式方法来培养和激发学生的创新意识，提高学生的创新能力，在这一过程中教师不仅要有坚实的理论基础和高度的创新能力做支撑，还要具有先进的教学理念，科学的评价制度，高度的责任心和使命感及高尚的人格魅力。

第一，思想政治教育专业教师应持续转换教学观念，推进教学方法改革，引导学生进行创新探索，树立正确的人才观和创造观，在教学过程中采取有利于激发学生创新思维、培养学生创新能力的方法和措施，教师要不断丰富自己的知识面，强化自己的创新意识，在工作中提高自己的创新能力，成为学生创新学习的楷模。

第二，思想政治教育专业教师要跟上时代发展的步伐，必须掌握足够的网络信息技术。通过网络和媒体资源对学生开展专业教育，让学生借助网络隐蔽性的特点，向老师吐露心声，教师及时掌握学生的动态，然后根据学生的状态实时调整学科专业的教育内容或方式方法。依托网络和媒体资源加强教学交互，充分依托网络和媒体资源平台设计和开发多种媒体学习资源，在教学交互中指导学生如何利用各

① 连锦聚、李毅：《新形势下进一步加强和改进大学生思想政治教育的新途径探索》，《思想理论教育导刊》2005年第3期。

种学习资源，帮助学生充分整合各种学习资源进行自主学习。为学生的创新活动提供良好的学习环境，为创新型人才培养提供强有力的支持。

第三，思想政治教育专业教师不仅要精通所教学科的专业知识并掌握相应的教学方法和实验技能，而且还要通晓素质教育、创新教育的方法、艺术。教师的创新意识和能力的高低与学生创新意识和能力的培养有着直接的联系。教师的创新意识及能力强，通过言传身教，就会使学生在教与学的双向活动中，不仅会学到新的知识和技能，而且还会受到种种启迪，领悟到种种创新的方法和途径。另外，教师还应放弃以自我为中心的权威意识，改变全面灌输的课堂教育方式和现有的陈旧的教学手段，摒弃以自己的思维模式限定学生学习行为的做法，逐步使自己形成良好的教学作风。

三　适应社会需求的课程体系

进行课程体系改革，建立适应社会需求的课程体系是构建创新型人才培养体系的本质要求。

人才培养模式改革从本质上讲还是要落实到课程和教学上，否则无异于缘木求鱼。要借鉴国内外先进的课程开发模式，对课程体系进行系统化设计与再造，即改革原有的"重理论、轻实践；重专业、轻基础；重知识、轻能力；重分化、轻综合"的课程体系，建立以"厚基础、宽口径、高素质、强能力"为指导思想的新课程体系。改革要把培养和提高学生的综合素质作为课程设置的目标，把课程体系从以知识为本转向以人的整体发展为本，把文化科学知识体系、能力培养体系和素质教育体系有机地结合起来，以实现知识、能力、素质三大功能的协调融合，从而有效激发出受教育者的创新潜能。

（一）改革课程结构

要把思想政治教育专业人才的社会需求方向、人才培养目标与课程结构优化联系起来。考虑到思想政治教育专业人才的特殊性，要从学生新的外部需要入手，处理好知识与人类日常生活议题之间的关系，使得课程结构能均衡体现知识与人类日常生活议题之间的联结①。考虑课程科目、课时、类型之间的配比关系与组织形式，实现优化目标。总体来说，加强学生专业基础教育的内涵更新和外延拓展及构建有利于人才创新意识培养的课程体系非常重要。

按照"少而精"的原则设置必修课，确保学生具备较为扎实的基础知识。通识必修课如马克思主义基本原理等的设置可使学生具备基本的知识素养，专业必修课如思想政治教育学原理、思想政治教育史、国外思想政治教育比较等的设置能够使学生掌握本专业的基础知识。通过"显性教学"（专门的课程）和"隐性教学"（通过教学内容改革使全新的知识隐含在相关课程中）拓展基础知识并加强基本能力训练，促进学生的专业知识由单一型向复合型转变。重视外语、计算机课程，丰富学生获得信息的手段，使学生有机会接触世界各学科发展的前沿，把握社会发展趋势，掌握未来变化的规律。

增加选修课比重。设置诸如人力资源管理、演讲与口才、谈判学等课程，着力培养学生将来从事思想政治工作的实践技能；设置了书法与美术欣赏、逻辑导论等课程，提高学生的人文素质；设置社会学、教育学等课程，深化学生对专业知识的理解。同时允许学生跨校、跨院、跨学科选修课程，使学生依托一个专业，又着眼于综合性较强的跨学科训练，即在接受系统学科知识的基础上，能够按照自己的兴趣、爱好以及需要自由选择课程。培养单位应以"菜单式"的选修课，满足学生个性化学习的需求②。

要拓宽学生获得信息的渠道，可以通过举办学术及文化活动等方式拓展学生的视野，使学生有机会接触政治学、哲学、马克思主义理论和思想政治教育等相关学科发展前沿，了解社会发展的趋势，掌握社会变化的规律。既要注重显性课程教育又要多渠道拓展隐性课程教育，使学生具备综合的思想政治教育工作能力。

---

① 王欢：《高师思想政治教育专业的课程结构优化研究》，硕士学位论文，西南大学，2007 年。

② 秦正为：《新形势下思想政治教育专业建设的问题与对策》，《聊城大学学报》（社会科学版）2011 年第 1 期。

（二）优化教学模式

宽松的环境，有利于学生在浩瀚的知识海洋中自由地寻觅新的知识，在丰富的社会实践中自主地进行新的创造，在具体的生活实践中训练和增强创新的能力，因此，要优化思想政治教育专业的教学模式，以加强学生的能力，尤其是创新能力的培养。

一是大学生创新精神和创新能力的培养必须渗透到思想政治教育专业的教学过程中，重点应该放在培养学生的创新意识上。教学过程中，要加强马克思主义理论与思想政治教育专业各学科的相互渗透和交叉综合，拓展学生的思维空间，这样有利于学生整体素质的提高。同时，注意融合学科前沿知识和最新动态，加大专业教学课堂的信息量，激发学生的创新精神。通过教学不仅可让学生学到一般科学知识和科学方法，更能够使学生获得一种思维训练。推行思想政治教育专业的工作案例教学和工作过程导向教学等教学模式。任课教师要带动学生自主学习和合作学习，给学生提供一个提高解决问题技能的机会，学生可从这种教学过程中掌握质疑、提问、寻找漏洞、检验证据、组织辩护、转换视角等思维方式，而这些思维方式是思想政治教育专业的学生未来从事创新性工作最需具备的素质和能力。

二是采用开放式教学模式，培养学生的创新能力。首先，实行学科与学科之间、高校与高校之间的广泛开放、交流和合作。如建立双专业和双学位制度，在本科生中开展第二专业教育。思想政治教育专业的学生在学习原专业的同时，可以兼修另一专业，修满规定的学分，颁发双专业毕业证书。其次，把学生引向科学研究的前沿，学术交流的讲台。如实行"教师助手制"，院系实行"本科生导师制"（学院的每个教师指导若干名本科生）、本科生和研究生合作制，让学生积极参与教师、研究生的科研工作，了解科学前沿动态，不断增强创新的意识，积累创新的经验，培养创新精神和协作能力。最后，把学生引向创新第一线，实践最前沿。如专门设立"科研创新奖"和"科研创新基金"，鼓励学生自主进行科学研究，提高其创新能力。

三是采用操作式教学模式，培养学生的创新实践能力。现实社会需要的人才，是能干事、会干事，尤其是能创造性地干好事的人才。

首先，教材的选用要紧扣实践，既需要有一定的理论深度，又需要紧密联系实际，要有更多有利于培养学生创新能力的内容、实例、方法和经验，使学生通过学习，掌握操作的理论方法、过程与环节，既知其然，又知其所以然。其次，教学方法要真正体现学生在教学中的主体地位。要变单纯的以教师传授知识为主为以提高学生能力为主，利用多媒体手段和网络教育资源，加强基础与强调适应有机结合，更加注重学生能力培养。在导学上注重学法指导，传授给学生思维方法，突出教学方法的多样性和灵活性；积极实践启发式、发现式、讨论式、研究式教学，努力尝试将问题教学法、情境教学法、范例教学法、探究发现法引入课堂；训练学生的问题意识，培养学生的批判精神、探究精神，师生互动，教学相长，调动学生的积极性，激发学生的求知欲望和创造性。再次，要建立长期固定的校内外实习、实践基地。如组织暑假社会实践团队，让学生在暑假自主学习中进行调查研究，了解社会。开辟实习实践基地为学生创造一个理论和实践相结合的平台。最后，要加强实践环节，强化学生实际动手能力和实践技能的培养，实现从科学知识型向科学知识应用技能型的转化，进一步培养、锻炼、提高学生的创新意识和创新能力。

四是采用引导式教学模式，培养学生的求真能力。创新型人才要想取得实际的成效，必须既具有百折不挠的精神，又具有追求真理的能力，因此，在教学过程中要引导学生树立为创新而奋斗的人生观。应在扎实抓好科学文化知识学习和创新能力培养的同时，切实加强学生的马克思主义世界观、人生观、价值观教育，使他们具有崇高的理想抱负、炽热的爱国热情、旺盛的创造活力，热爱人民，热爱科学事业，立志在为祖国、为人民勇攀科技高峰的过程中实现自己的人生价值。

四　科学的管理及评价体系

（一）健全保障机制是构建创新型人才培养体系的必然要求

构建创新型人才培养体系必须以健全的保障机制作为依托，应从以下两个方面入手：

第一，增加思想政治教育专业学科建设的经费投入。专业学科建设的经费开支必须纳入全校学生培养成本的核算体系之中，学校财政拨款预算，必须考虑思想政治教育专业的发展水平将会直接影响学校大学生思想政治教育相关工作水平，在每年的年度预算中应该加大对思想政治教育专业建设经费的投入，要保证分期、分批，逐步、逐年到位。另外，应为思想政治教育教学提供必要的场地和设备，不断改善条件优化手段，对于教育教学活动场所、大学生心理咨询的场所、学生群体活动的场所、必要的计算机和多媒体设备、必要的专题图书、交通工具，以及大学生的生活区条件都需要不断进行资源整合、改善和优化，为构建创新型人才培养体系提供良好的物质基础。

第二，建立健全保障创新型人才培养的管理制度体系。在社会主义市场经济条件下，解决社会政治、文化、道德生活中出现的新情况、新问题，不可能再像计划经济时期那样只依靠行政命令，而应该转而依靠政治、法律、经济、文化等多种手段，特别是依靠法律手段来调节各种复杂的社会关系，以促进良好社会风尚的形成。加强思想政治教育专业建设，构建创新型人才培养体系，就要建立健全与法律法规相协调、与高等教育全面发展相衔接、与大学生成人成才需要相适应的人才培养和管理的制度体系。要优化制度环境，制定相关规定办法，为思想政治教育专业与时俱进的优化发展提供制度保障。具体包括改革专业管理模式，建设良好的政策环境、行政环境和法制环境，建立健全关于创新型师资队伍的科研平台保障、职务职级晋升、生活待遇落实等方面的相应制度，使创新型人才培养做到规范化、常态化。保证培养体系中的各责任单元都能很好地履行自己的职责，完成自己的任务，既做到各负其责，又保证协调一致地完成培养任务。

（二）完善激励机制是构建创新型人才培养体系的迫切需求

创新型人才培养体系的构建是一个系统性工程，是多种因素相互联系、相互作用构成的有机整体。只有建立起协调、平衡、高效的工作机制，才能获得系统效益，取得最大成果。因此，应完善创新型人才培养工作的考核激励机制，把考核与激励结合起来，使培养学生的创新思维真正落实到每一位教师的教学、科研和管理工作中去。包括要按照教育改革的需要，修改和完善综合测评办法，建立有助于学生个性发展的激励机制，通过建立和完善考核激励机制以便为创新型人才培养工作注入动力。

内因是事物变化发展的最终依据，外在的各种刺激必须内化为主体的需要、动机，转化为行动才能实现教育的目标。艾德佳·沙因（Edgar H. Schein）的自我实现人假设理论认为，人的需要有高级低级之分，从低级到高级可以划分为多个层次，最终目的是满足自我实现的需要，寻找工作上的意义；人们力求在工作上有所成就，实现自治和独立，发展自己的能力和技术，以便富有弹性，适应环境；人们能够自我激励和控制；个人自我实现的目标和组织目标是能够达成一致的，在适当条件下，个人会自动调整自己的目标并使之与组织目标相吻合。威廉·詹姆斯（William James）提出的公式是：工作绩效=能力×动机激发。一个人在能力不变的情况下，工作成绩的大小取决于动机激发的程度。这种激励来自两个方面，一是自身的，发自内心的力量；二是外界刺激作用产生的。研究表明，经过激励的行为与未经过激励的行为，效果大不相同。而库尔特·勒温（Kurt Lewin）提出的场动力理论认为，个人的行为向量是由个人内部动力和环境刺激的乘积决定的。波特（L. W. Porter）和劳勒（E. E. Lawler）在此基础上，提出了综合型激励理论，包括努力、绩效、能力、环境、认识、奖酬和满足等变量，变量之间的关系是先有激励，激励导致努力，努力产生绩效，绩效导致满足[①]。

创新型人才培养的管理和激励机制应从以下方面着手：

第一，伴随着创新型国家建设的不断前行，培养创新型人才已经成为各个专业的重要任务。思想政治教育专业必须在坚持以人为本的前提下，改革教育管理机制，把促进学生的创新意识和综合素质发展置于重要地位。事实上，当今大部分高校的思想政治教育专业是在教

---

① 董克用等：《人力资源管理概论》，中国人民大学出版社2003年版，第103—120页。

学管理与行政管理的双重管理之下进行的，当这两者之间缺乏有效的沟通、协调和衔接时，这种管理机制就不利于教育目标的达成与教育成果的最优化，这就要求教学管理部门与行政管理部门相互配合，互相交流，协作发展，降低工作的运行成本，提高工作效率，为专业发展和学科建设保驾护航，为创新型人才的茁壮成长提供良好的机制保障。

第二，依据创新人才的发展规律可知，高校只有具备更多高素质、高创新能力的教师，才能真正培养出一批高素质的创新型人才。为了更好地培养创新型人才，应该改变教师考核评价制度，改变过去一直以来的主要以发表论文的多少、科研项目的多少来评判一个教师的水平高低的模式，应通过相应的激励机制引导其把精力放在对学生的创新培养上，鼓励更多的高校教师成为创新型教师，成为创新人才培养工作的导师，并从物质和精神上对在创新型人才培养工作中做出突出贡献的教师给予适当的奖励和支持。

一是目标激励。目标在很大程度上对人的行为具有导向性。维克托·弗鲁姆（Victor H. Vroom）提出：激励力量 = 目标效价×期望值。目标价值越大，如果预估实现的概率越高，那么激发的动机就越强烈，个人的工作动力就越大，所表现出的行为约束力就越严格，产生的品德塑造力就越大①。高校创新型人才培养应利用目标的导向功能和激励功能，通过目标设置来激发教师的动机，指导学生的行为，使学生成才需要与培养目标紧密联系在一起，从而激励师生双方面的积极性、主动性和创造性。

二是需求激励。需求驱使着创造行为产生，是创新活动的内在动力源泉。高校创新型人才培养应通过创新意识、创新品质、创新成果的宣传，促使教师将开展创造作为自己的一种内在需求。通过开展一系列创新类活动，使其从创造活动中体验到愉悦、自尊以及成就感。通过这种情感需求的满足，进而营造创造需求，来引起和增强创造行为的动机，使创造赋予的意义体现在自我价值和自我完善上。

---

① 李军：《管理学基础》，清华大学出版社 2006 年版，第 342 页。

三是奖罚激励。通过对个体行为结果的奖罚，对个体动机的影响来进行激励，一直以来都是高校人才培养和管理的一种行之有效的方法。当学生表现出良好的创新行为时给予物质或精神奖励，表现出不符合要求的行为时给予批评和惩罚，保证良好的创新行为持续。在创新型活动中，奖罚分明是一种巨大的激励动力。学校和教师要合理运用各种奖励制度、评奖评优制度等，把创新能力作为一项重要的考核项目，将物质奖励和精神奖励、表扬与批评有机地结合起来。同时，对教师的创新行为进行导向性控制和调整，激励他们不断调适自我行为方式，最终达到目标要求。

四是期望激励。经验证明，期望激励对人有激发向上和约束行为的功能。运用心理学的"皮格马利翁效应"（Pygmalion Effect）对学生的创新潜质进行激励和暗示，使我们的培养对象对自己充满信心并产生自豪感，从而产生行动上的自觉性。

（三）改革评价机制是构建创新型人才培养体系的必要环节

教育的评价机制是指根据一定的教育目标，在系统广泛地收集信息、充分占有资料的基础上，运用现代技术手段，对通过教育过程所产生的或即将产生的学生行为和思想变化，进行价值上的考查、判断、评估，以确定其社会价值[①]。心理学研究表明，科学的评价会促进人的创造力形成，而不良的评价和测量会挫伤人的创造力。创新型人才的培养是一项复杂的系统工程，应当建立一套科学的评估考核制度和机制，以保证这项系统工程的顺利推进。

1. 建立科学的评价指标体系

创新型人才培养涉及专业教育的各个方面，只有具备科学完整的指标体系和考核办法才能确保创新型人才培养目标的实现。学校层面应根据当前科技创新、知识创新、理论创新等客观实际，制定周全、细致、具体、连贯的指标，把创新型人才培养可能涉及的范围、环节、层次、相互关系、操作方法等各个方面都尽可能地具体化、直接

---

① 李祖超、辛立翔：《基于创新型人才培养的高校思想政治教育模式建构》，《江苏高教》2008 年第 2 期。

化、实际化。科学的评价指标体系主要包括基础知识教育指标、专业知识教育指标和创新实践指标。基础知识教育指标和专业知识教育指标可以通过学分、学生考试的成绩等来衡量，创新实践指标则通过专门的表格对上述指标进行量化和细化。

2. 建立定期检查制度

首先，根据创新型人才培养的实际，按照教学各项指标，制定定期检查的具体制度和办法。学校主管部门每学年检查一次，学院每学期检查一次，主要检查教师是否按指标要求进行教学，教学质量是否符合要求，学生是否在按指标学习和实践，学习和实践的深度和广度是否达到指标要求。其次，教育主管部门检查学校是否建立创新型人才培养责任制和各项教学指标体系，各项制度是否认真执行，执行结果是否符合要求，存在问题是否及时得以解决，校长是否有明确的思路和措施等。

3. 实施严格的奖惩办法

根据指标体系，每学年进行一次考核评比，依据考核结果进行奖惩。对教学效果好、所教学生综合素质高、创新能力强的教师和主管领导予以重奖，认真总结他们的成功做法，将他们的先进经验、有效办法在全校或更大的范围内进行宣传。对教学效果差、所教学生综合素质低、创新能力弱的教师和领导进行惩罚，责令他们仔细查找原因，采取可行措施解决存在问题，在进行奖惩的同时修订完善各项制度。

4. 考核评价中重视教师对学生创新能力培养方面的考查

由于马克思主义理论与思想政治教育专业相关学科教学效果及其评价具有自身的规律和特点，目前，考察思想政治教育专业人才培养的实效性，不仅要重视对学生掌握知识全面性的考查，更要重视对学生创新能力的考查。考试方式应力求多样化，包括强化以育人为目标的实习实训考核评价，吸收毕业生就业的行业、用人单位参与教育质量评价，定期开展专业办学水平和专业教学情况评估，实施专业教育质量年度报告制度等。通过评价机制创新，建立起对学生的创新意识、创新能力、创新成果培养的积极激励机制，即对学生的各种创新行为和成果给予正面的激励和奖励，如创新学分、学生科研奖励政策等，以促进思想政治教育专业教育教学工作的改进和创新。

另外，在评价方式上尽量避免单纯量化的评价，采取以积极的鼓励式评价和定性评价为主的方法；在评价体系的构建上，不仅要对结果进行评价，对于过程的评价依然不能忽视；要实行弹性考核办法，如知识与能力并重，理论与实践相结合等。

第六章　建设激励创新的大学文化

环境对培养创新型人才的影响是广泛且多样的。随着我国改革开放的纵深发展，在各种文化思潮的涌入下，多元化理论成为影响人们思想和行为的重要文化因素，其实质是要求颠覆主流性、一元化的价值观，构建多元价值体系①。一个良好的工作环境，有助于提高人才培养的实效性；而一个较差的工作环境，则会阻碍和影响对于创新型人才的培养。因此，我们需要一个优良的环境作为外部支撑（见附表2：促进创新能力的主要环境因素）。校园是大学生每天生活、学习时间最多的地方，它在教育中发挥的作用是无形的，但是其直接的影响却是巨大的，必须对其给予足够重视。大学文化是一个无形的教育资源，是培养思想政治教育专业创新型人才的一项重要保障，它具有价值导向功能、群体凝聚功能、规范约束和行为激励功能，为学生提供了一个自我教育的环境。按照文化现象的存在形态分类，可以将高校校园文化划分为制度文化、物质文化、精神文化等存在形态，其中，制度文化是大学文化的制度保障；物质文化是高校人文精神的直观表现形式；精神文化是大学文化的最终归宿。

一　制度文化

建设激励创新的大学文化的重要体现，就是构建适宜创新的现代

---

① 刘洪寅：《应对新挑战进一步增强院校思想政治教育实效性》，《军队政工理论研究》2007 年第 5 期。

大学制度，就是要把追求科学、崇尚真理，学术自由、鼓励创新，理性批评、合作竞争等现代大学精神用制度文化的形式将其确立起来，并发扬光大，就是要坚守学术道德，坚决摒弃学术浮躁、学术造假，努力营造民主、开放、宽松、进取、和谐的良好学术环境与氛围。消除培养创新人才和培育创新成果的一切文化障碍或体制障碍。大学创新文化的核心是学风、校风，其精髓是大学创新精神与创新理念。制度形态的大学创新文化是大学创新精神与创新理念的外在表现，是学校管理规范化、先进性程度的重要标志；而大学创新文化的制度安排又会对学校的创新文化氛围和风气产生影响。缺乏相应的体制机制，大学建设创新文化、培养创新人才就必然流于形式。制度形态的大学创新文化是大学组织的文化规范，是大学运行的机制保证。制度层面的创新文化建设，既是精神文化创新指导下的制度性规范，又是行为文化创新基础上的提炼和升华。建立健全有利于创新的管理制度和运行机制，可以为大学的改革和发展提供制度保障。它调节着大学内部各个组织和人员、大学与外部之间的关系，是大学科学管理的重要手段。大学健全的机构及其职能、完善的体制及规章制度所形成的文化氛围，对保证学校各项工作的高效运转、实现学校的根本目标、培养合格的创新人才发挥着极其重要的作用。

《高等教育法》规定的"高等学校应当面向社会，依法自主办学，我国实行民主管理"是现代大学制度的核心内容，也是现代大学制度的基本标志。建设大学创新文化必须充分发挥制度文化在思想和行为养成方面的育人功能，加强法制教育，倡导依法办事、按规则办事，增强广大师生的法律和制度意识；必须从制度上保证学校重大原则、重大决策的民主化和科学化，形成学校自我发展、自我约束的运行机制；必须积极推进学术民主制度建设，充分发挥学者在治学和学科建设中的积极主导作用；必须切实加强用人方面的民主制度建设，完善公开、平等、竞争、择优的选人用人机制，建立更加有效的人才工作激励与约束机制；必须不断完善学校管理制度，规范各类大学人的行为，不断优化学风校风，推进依法治校进程。

（一）完善公平开放的人才选拔制度

要善于借鉴国外先进教育理念和有益的教育经验。哈佛大学作为世界顶级的高等学府，在教师队伍的构成特别是教授招聘制度上有着严格的规章制度。比如在教师的聘用和升迁问题上，哈佛大学多年来一直采用"非升即走"的原则。哈佛大学的编内讲师，聘期一般是5—8 年，期满不够条件的讲师，就不会再次聘用。哈佛大学为了鼓励学术创新，在师资结构的选留上还一直实行着一条特殊的规定："选贤避亲"[①]。我们可以借鉴其在人才选拔制度上的经验，从以下两方面入手以达到科学的标准。一是人员调配，通过人力资源管理从外部招聘人员和内部人员流动双管齐下，这样就能将新思想、新行为带进大学，从而使大学文化建设得以创新。二是人员培训，大学文化创新的核心内容是不断开发人的素质，尤其是以激发教职工、师生的积极性为重点。在大学里实行一种公平、公开和开放的人才选拔制度，为创新型人才的培养创造出高水平、高起点的内在环境。

（二）建立科学的教育评价制度

科学的教育评价制度是大学创新文化建设的重要内容之一。大学教育的评价制度是保证大学教育质量不可缺少的环节和重要手段。构建相对科学、独立的内部评价主体，能正确认识自身的实力、地位、经验和不足，对于提高大学的教育质量具有积极的意义。根据目前大学的实际情况，亟待建立以人的发展为目标，以创造品质的培养为导向的多元教育评价制度。冯平在《评价论》一书中说道："所谓评价的合理性是指，从最高意义上说，是符合人类发展和社会进步的……当一种评价所引导的行为符合人类追求的进步的目标，对人类的发展起着积极作用，那么它就是合理的，否则，它就是不合理的。"[②] 而教育评价关注的主要是如何使教师、学生得以全面和谐发展，能创造性地教学、学习、使用及创造知识。此评价制度主要把对学生创造品质

---

① 韩延明：《新世纪美国大学发展走向及其对中国大学改革发展的启示——以哈佛大学为例》，《临沂师范学院学报》2008 年第 4 期。

② 冯平：《评价论》，东方出版社 2003 年版，第 78 页。

的关注作为其核心，并以人文精神为导向，着眼于终身教育和持续发展的能力，尤其是不断创新的能力和创造能力。多元评价制度是指主体运用多种评价方法，通过共同"对话""协商""理解"，从而达到"共同心理建构"的过程。具体办法为：可动员各个参与教学人员，如教学管理部门、行政领导、教师、学生等评价主体都参与评价，这些评价在现代教学中发挥的作用越来越大。另外可结合运用多种评价方式，如：诊断性评价、形成性评价和总体性评价相结合；相对性评价、绝对性评价和个体内差异评价相结合。多元评价具有全面性、真实性的特点，它淡化了评价的标准与选拔功能，从而突出了评价的激励功能与发展功能，故多元评价更有利于创造型人才的培养。考试作为测试人的素质差异的手段之一，在人才的考核中发挥了很大的作用。大学教育要培养创造型人才，就要对考试方式、内容及形式进行全面改革和创新，使评价真正有利于促进学生创造能力的形成与发展。应从单纯的考察理论知识的记忆、定向理解、运用，转变为考核捕获、处理知识的能力和创新知识的能力，引导学生将理论与实践灵活结合，构建与创造教育相协调的、有利于创造型人才成长和发展的考试体系。

（三）以创新文化为视角改革教育管理体系

大学的教育管理体制（高校内部管理）是大学教育制度体系中最重要的组成部分。因为，创新教育的管理是以大学教育目标的实现为宗旨，关系到大学的教育质量和发展前景。另外，教育作为一种特殊的创造形式，文化在其中占有相当大的分量，教育管理也包含很多的文化内涵，正因如此，教育管理在创新时代成为强势文化更直接的冲击对象。所以，在教育管理创新当中，文化是不得不加以考虑的一个因素。缺少文化视角的教育管理创新是不全面的，也是不可行的。

改革大学管理方式，建立以人为本的弹性管理制度。以人为本体现在两个方面：首先，对于教师的管理制度要体现出服务精神和人本关怀，主要表现在：要以激发学术人员的创新性为原则，充分尊重学术活动，同时要协调好大学的行政权力和学术权利，积极调动学术人员参与管理，提高学术人员对重大事件决策的参与度，从而提高决策的科学性和有效性。具体可加强学术委员会等学术组织的作用，赋予其参加大学事务管理的法律地位。对于大学的行政权力的力量同样不能忽视，要看到行政人员管理的整体性和时效性的优点，把行政权力和学术权利有机结合。其次，对于学生，实行弹性管理，培养个性发展。所制定的管理制度必须适应大学生成长和发展需要的特点，着重营造一种氛围，尊重每个人的个性，强调涉猎知识的积极性，激发创造性，以培养出既具有综合的知识结构，又懂得怎样学习和创新的人才，满足他们对认识世界的渴望。在管理过程中要坚持以权变思想作为指导，就是在坚持原则，公正、平等地对待每一个学生的前提下，讲究解决问题的策略，从解决思想问题入手，针对不同类型的人和事，采取不同的处理方法，最大限度地激发和调动受教育者的主动积极性和创造性。

（四）构建鼓励教师创新的学术生态系统

提高大学教师创新能力，需要在整个校园中建立一种激发创新意识、崇尚创新精神，鼓励创新活动、促进创新能力发展的学术生态系统。

1. 培育自由的治学观念

爱因斯坦曾经说过"只有在自由的社会中，人才能有所发明，并且创造出文化价值"。学术自由是提高大学教师创新能力的前提，是营造创新校园文化的核心。高校要尊重人才、尊重知识，围绕教师对工作自主性的要求，更加重视对教师工作的授权，采用自主管理，自主选择教学、科研课题，自主组织学术队伍的方式保证大学教师按照科学发展的规律和自己研究的意愿开展教学、科研活动。

2. 弘扬追求科学的精神

大学的使命是传播和发展科学并以此为国家、社会做出应有的贡献。如果对使命的认识不够深刻，大学就不会有敬畏科学、忠实科学、探索科学、维护科学的操守，就难以抵制并可能屈服于外部社会各种利益的诱惑。让学者安于学问、热爱学问、忠诚学问，这既是大学的本分也是大学对国家负责之体现。大学应该有足够的理性，明确自己的使命和方向之所在，不仅应自觉坚持和守护自身的学术属性和办学原则，而且要有意识地唤起和保护学者对学问追求的真正兴趣和热情，使他们不受学问之外利益的干扰和驱使，以安心在实验室和书房里做淡泊名利的学问研究。

3. 营造宽容的学术氛围

创新活动其自身具有很大的不确定性和较高的风险。自古以来，具有重大创新性的学术成果都经历过无数的失败和挫折，大学应当对"有大略者不问其短，有厚德者不非小疵"，大力提倡宽容精神，允许失败，尽量给予大学教师更多的宽容，当教师所开展的创新项目失败时和教师共同承担风险，不一味地将失败原因归于教师，而是将教师作为学校的一员，从整个学校甚至是整个宏观政策的角度分析失败的原因，使大学教师消除顾虑，信心十足地从事创新活动。另外，宽容的学术氛围还意味着大学对不同知识、不同学术思想、不同价值观及其持有者的接纳。大学应该改变以单一标准衡量大学教师的做法，在促进学术发展的大前提下制定多种标准，只有这样才能吸引各具特色的人才，使大学真正成为"囊括大典，网罗众家之学府"。

4. 建设平等的学术环境

"学术面前人人平等"。资深大学教师具有丰富的学术经验，取得过丰硕的学术成果，但是这并不意味着在未来的学术活动中他们一定能取得很好的成绩，往往很多初出茅庐的青年教师因为精力充沛、思想不受条条框框的限制，在学术创新上反而会更加有所作为。因此，大学要消除学术马太效应给年轻教师带来的不利影响，在课题经费的申报、学术奖励等方面更加对其给予重视，使年轻教师在平等的学术环境中畅所欲言，不受学术权威的影响。

二　物质文化

大学创新文化的物质形态是指大学教育教学物质条件构成、能被人们感觉到的客观存在的实体文化，是大学文化的物质基础和外部表现形态，其存在形式为校园环境、建筑布局、人文景观、学科专业、师资队伍、教学设施和手段等有形事物。物质文化是大学发展创新文化的基本保障，是创新文化实现持续发展和延续传承的物质载体。物质层面的创新文化建设，是其他层面文化建设赖以生存与发展的载体，良好的物质文化建设，对激励师生的创新精神有着潜移默化的影响。

科学范式下的大学物质文化形态的建设，首先，要注重文化的延续。一种文化的形成需要长时间的积淀，长时间的发展，我们既要尊重历史，挖掘历史留给我们宝贵的精神财富，不可盲目地采取拆旧建新、拆低建高，应尽可能地使老的校园素朴庄重而不显陈旧，新的校园清新明快而不失典雅。同时，又要为后人留下可创造的空间，使物质文化建设实现持续发展。其次，要注重个性的独特。任何学校由于历史、传统以及客观条件的差异，都会各具特征，都有其已经形成或者已经被人接受的文化特色，所以必须因地制宜，扬长避短，发挥特长，突出个性，要体现学校自身独特的个性追求。最后，要注重人文的凸显。学校物质文化是自然人化的结果，它物化着人的价值目标，是文化的表现和标志，要让大学里的每一个物件都作为文化符号，承载着一定的文化信息，文化含量越高，其潜在的创新能力越强。

现代大学创新文化具有多种物质形态，主要包括一批高水平的、结构合理的课程和学科（专业），一支具有人格魅力、学术造诣深、善于治学育人的教师队伍，一个现代化的图书馆、实验室（实践基地）和校园网，以及一种良好、宽松的文化环境等。

（一）建设体现大学精神的校园环境

大学校园是高度人性化的环境空间，是根据大学的办学理念和价值追求，按照美的规律，创造出来的自然美和思想美和谐融合的人类"第二自然"。大学的物质形态凸显了大学的文化内涵和特色。草地、树木、雕塑、广场、亭榭、文化古迹、文化遗址等人文景观是对大学文化的展示；校园里的交通、通信、购物以及供水、供电、供气等物质条件等也体现出了其人性化特点和教化育人的功能；教学组织方式、公共秩序等也都是大学精神的体现。大学里的建筑不应仅仅是由钢铁和水泥建构而成的，而应该是新材料、新能源和信息技术所支撑起来的智能大厦，应该体现现代人精神追求的艺术世界，应该是建立在现代文明的道德、行为规范之上的文明之地，应该满足大学生多样化和个性化的发展，成为培养高素质现代人的孵化器。在校园环境文化建设的过程中，应针对学校的历史、学科特点、校风和学风，注重建设具有学校自身特色的校园环境文化，如在校园中有意识地置放学校著名人物的雕塑、名言以及象征学校学科特点的雕塑，不仅能获得很好的改善校园景观的效果，还可以营造校园学术氛围，使校园成为对学生进行爱国、爱校、爱专业教育的基地，充分发挥环境文化的育人功能。

（二）创设良好的课堂学习环境

课堂学习环境受班集体人际关系的制约。创设一个良好的课堂学习环境，教师要善于创造问题情景，调动学生探索问题、研究问题的兴趣与积极性。在教学过程中要抛弃对理论平铺直叙的授课方法，把理论的传授和解释某一问题直接结合起来。教师要善于提出问题，启发学生的思维，激发学生的好奇心和求知欲，引导学生围绕问题进行探索。要引导学生发现问题，鼓励学生多提问题，激发他们提问的勇气，对他们提出问题的质量不能苛求，即使提出错误的问题，对其积极性也要加以肯定，不能讽刺挖苦，努力营造一种宽松的学习氛围。在学习活动中，学生的学习兴趣和情感等心理因素对其认识过程会产生重要影响，当学生对所学的知识产生兴趣和积极的情感时，就会从内心迸发出向往和求知的强烈欲望，产生积极的学习动机。学习活动对其来说就不是一种负担，而是一种享受，一种愉快的体验。教师应让学生大胆质疑，对教师授课、教材提出自己的见解；多鼓励学生发问，启发学生思维，激发学生的探索精神、创新精神，提高学生的创新研究能力。

（三）发掘地域文化积淀，深化物质文化育人内涵

大学文化的价值就在于通过文化氛围陶冶大学生的心灵，使其产生"蓬生麻中，不扶自直"的教育成效。大学的物质环境是有形具体的，但其承载的文化内涵却是包罗万象的，所以大学物质文化的建设应充分利用大学所处地域文化优势，挖掘大学历史发展过程中的文化积淀，拓展校园人文景观的教育意义，深化大学物质文化的育人内涵，体现其内在的人文之美，使自然景观与人文景观、传统文化积淀与时代特色、科学精神和创新精神交相融合。大学校园里富有地域特色的建筑、碑石、雕塑等人文景观都会以独特的神韵和精神震撼力，令人在身临其境之中感知直叩人心的情感共鸣，潜移默化中使学生逐步形成良好的道德品行、正确的价值观念、健康的审美情趣和科学的思维方式。北大校园中的李大钊铜像、蔡元培铜像；天津大学的张太雷雕像；南开大学的张伯苓等雕像无不促人深思，使学生从大学厚重的历史中感知传承文化的现实责任；湖南大学将岳麓书院优秀传统文化进一步物化，在校园内的办公楼、教学楼、学生园区，随处可见木刻、雕像、喷绘等以多种传统形式为载体的楹联、名人画像和名言名句；浙江大学在艰难困苦的抗日烽火中，曾一路西迁，逐渐发展壮大，浙大为了营造校园文化氛围，将修复和新建的教学楼及宿舍楼冠以地方先贤和浙大西迁地名。

宝鸡文理学院也利用所处陈仓古地丰富的周秦及关学文化资源兴建了"甘棠厅"，周公、孔子、张载雕像，建设了"四为园"，以及以先贤典故命名的两幢教学楼"思贤楼"及"立心楼"等，不一而足。深厚的周秦地域文化特色非常鲜明，使师生们在潜移默化中感知这片土地的历史上曾经的先贤大师风范。因此，挖掘地域文化历史内涵，有助于创造和形成独具特色的大学物质文化空间，凸显大学物质文化丰富的文化信息和巨大的感染力。

三　精神文化

大学创新文化的精神形态是大学在长期的实践过程中积淀下来的群体创新意识、思维活动和心理状态。它是一所大学在教学、科研、管理等活动中所体现出来的生命力、创造力和凝聚力的集中展示，反映了大学在其办学历程中所拥有的办学理念、价值取向、独特个性和文化积淀，是大学创新文化的核心和本质特征。精神层面的创新文化建设，目的在于构建一种大学作用的核心价值观，形成全体师生广为认同的共同理念，使之成为推动大学改革发展的内在力量，并为大学的建设与发展提供不竭的创新动力。就每一所大学而言，精神文化集中反映了一所大学的师生员工对大学理想的价值追求，它是大学在全面吸收历史文化传统、在长期办学实践中凝练积淀而成的，并随着时代不断充实发展，是切合大学自身实际的世界观、价值观和方法论的集成，展现了大学自身的气质、品位与神韵。

精神文化是大学创新文化的灵魂，它既是大学创新文化实现自身目标的动力，也是师生员工为人、治学、做事的精神支柱，是建立在对教育的本质、办学规律和时代特征的深刻认识基础之上的。它能够调动师生的积极性和增强学校活力的群体意识，既是大学前进的动力，也是大学发展所积淀的精髓与灵魂；它既随着时代的变化而体现出鲜明的时代特色，又因其博大精深的内涵而具有普遍的意义；它既有鲜明的民族本土化特征，又有着普遍的国际化意义。

具体来讲，可以从以下三个方面理解大学创新文化的精神形态：

第一，它是一所大学办学中始终着力培育的价值观念。通过对不同大学的创新文化加以比较，可以发现贯穿于办学始终的价值思想往往是稳定的，在百年名校中如北京大学，开放与批判的精神始终贯穿于其创新文化的过程中，正是这种价值观念在北大人中的代代相传，铸就了北大创新精神的基础。第二，它是一种科学的思维方式，引导着学校的不断创新。正是由于其包含了科学的思维方式，才能成为学校创新和发展的动力，才能使一所高校不论处在什么样的环境中，其接力棒在哪一代手中，都能正确地找到自己的发展方向而不会迷失，即使身处逆境中仍保持着不竭的创新潜力。第三，它是大学创新文化与时代精神的融合。大学的创新精神是一所高校每一代人面向时代、面向社会的办学理念和实践经验的提炼，它连接着大学的丰富历史积淀与生动现实生活的超越，是继承与创造的统一。它像血液一样流淌在每一个大学人的精神世界中，左右着大学人的生活方式，又从时代的空气中汲取精神的营养，一刻不停地进行着新陈代谢①。

（一）坚持"以生为本"，加强人文与科学精神的培育

"大学文化首先应当是一种以人为中心，突出人的发展、人的尊严、自由、幸福、终极价值，体现人文关怀和道德情感的文化；是一种能体现人性自觉、唤起对人性的尊重，能充分发挥人的主观能动性的文化"②。大学的制度文化只有在科学规范的管理制度同与之相适应的运作机制相吻合的前提下才能够发挥其功效，真正做到以人为本、以学生为本；大学的物质文化在形成初期就要充分考虑是否能够充分体现出人性化的设计，使大学物质层面的东西能具有较高的文化品位以及人文价值；大学精神文化建设作为大学文化建设的核心、重点，要从学生不同的价值追求以及个性发展的差异性等方面出发，同时要充分尊重教职工以及学生的价值选择和个性发展，在建设的过程中必须坚持以人为本、以学生为中心，更好地为学生服务，为学生实现各方面的共同发展创造一个良好的人文环境。人文精神作为大学精神的本质特征，与科学精神是密不可分的，代表了当前社会人类精神的两个基本方向。人文精神作为一种"求善"精神，是以当今社会所追求的价值以及伦理为核心的精神，指向的是人类终极关怀层面，即历史责任感、社会责任感、道德修养以及人之所以为人的基本原则；"求真"是一所大学的科学精神的基本要求，科学精神作为一种"求真"精神，所体现出来的更多的是一种理性精神。自古以来大学就是教书育人、传授知识的教育重地，其最基本的职能就是教学和科研，为社会培养着一批批科学人才。因此，当前的大学精神要体现出大学的科学精神和人文精神并重的本质特征，既不能只顾人文精神的培养而忽视科学精神的培育，也不能只顾科学精神的培育而忽视人文精神的培养，只有两者相互配合、共同发展，才能使学在当今竞争比较激烈的社会中占有一席之地；单凭一条腿走路，不仅培养不出高素质的创新

① 何独明等：《大学校园文化概论》，西南交通大学出版社 2010 年版，第 241 页。
② 程光泉：《哲学视野下的大学理念、大学精神、大学文化》，《北京师范大学学报》（社会科学版）2010 年第 1 期。

型人才，同时也会使大学陷入发展的困境。

（二）坚持独立批判精神，促进创新意识的培养

大学一直以来就是一个传授知识、追求真理的地方，更多体现在社会正义、良知以及道德规范等方面。当前所有的大学在制定学校的校规校纪时都应当与社会各种功利性利益倾向划清界限，使大学拥有一定的社会立场以及独立精神。独立精神的缺失对大学的教育教学质量将会产生较大的影响，"我国长期以来沿袭行政管理体制，大学成了政府机关的缩影，行政人员成了支配学校的核心，大学学术管理在很多层面上被行政管理替代了，机构膨胀，冗员过剩，教育资源浪费，严重制约了大学追求真理和教育理想的实现"①。大学要实现当前的教育理想，独立自由以及批判精神是一所大学所必须具备的，因此，大学要积极地去营造一种宽松、自由的学习环境和氛围，不断培养学生形成自己独立的思想和观点，能够独立、自主地解决所遇到的问题。具备了独立自由的精神后，将会产生更多关于自己对待事物的看法及观点，就可能会和先前学者的观点出现分歧。作为教育者要积极地、正确地看待学生的这种观念和想法，并且鼓励他们不断提出新观点、新思路，即大学在对待知识的选择上要具有一定的批判性。批判精神作为一种行为规范和精神气质在当前大学的教育教学中是必不可少的，能够使学生在追求真理的基础上利用自己的发散性思维，对那些有疑问的观点和思想进行批判。中国的教育思想在某种程度上受西方教育思想的影响比较明显，因此学生在学习过程中存在疑问和不解是可以理解的。西方的教育思想是根据西方的社会历史背景以及发展规律总结出来的，而中国作为东方大国与西方的发展规律以及所经历的历史背景不同，不能以我们固有的思维方式去看待从西方引进的思想，应摈弃那些不适合的思想，汲取那些有利的先进的思想。因此，大学的教育在引进新知识、新思路以及新方法的时候要尤其注意，应汲取西方教育思想的精华，摈弃那些不适合当今具有中国特色

---

① 李化树：《论中国世界一流大学的建设》，《扬州大学学报》（高教研究版）2002 年第 1 期。

社会主义建设的思想，为培养学生创新意识奠定良好的基础。

（三）坚持科学的培养观，弘扬自主创新的精神

大学文化建设的核心就是要培育和弘扬创新精神，大学精神文化的建设不仅离不开传统，更离不开创新，要将大学建设得具有活力、创新力，只有在这种教育教学环境和氛围中，学生才会产生更大的学习动力。创新精神作为大学精神的核心和灵魂，体现在现代大学的制度创新以及培养师生创新意识等方面。首先，在培养师生创新意识方面，作为大学精神的创新，就是要在学者中间培养一种批判精神①。最主要的一点就是教育方法要科学、合理，教师在教学的过程中不能被一种教育方法所束缚，要根据每个学生自身身心发展的特点来传授知识，当知识适应学生发展特点时，学生的发散性思维将得到很好的发展，新思路、新想法将会层出不穷，产生一种巨大的创新力量，促使师生在知识的海洋中共同努力、共同进步。其次，在现代大学的制度创新方面，有什么样的制度就会产生什么样的方法，世界一流大学之所以能够为社会做出巨大贡献，就是因为它在创新成果方面为社会提供了有益的思想。然而，当前我国大学为了追求自身短期利益的发展，为了得到更多的教育经费使资金得到更好的周转，与政府机关等部门相互配合，在学校各种规章制度的建立上，往往带有很强的社会性和功利性，政府来主导学校的办学思路及办学方法，导致学校的管理层缺少自主办学的权利。因此，建立现代大学创新制度，必须确保大学具有充分的办学自主权，这是发展、提高一流大学综合实力的重要前提，也是我国大学与世界一流大学存在差距的根本原因之所在。我国大学在制度建设方面要科学地看待社会功利现象对大学制度所造成的负面影响，在制度的建立上适当地与政府之间保持一定的距离，不要被当今社会不正之风所迷惑，保持清醒的头脑，从大学自身长远的利益去考虑，更好地行使学校自主办学的权利，制定出一套具有创新思路的制度，从而更好地发挥学生的自主创新能力。创新是大学精

---

① 李艳：《试论大学精神在建设一流大学中的作用》，《山西广播电视大学学报》2005年第1期。

神文化建设的源泉，只有具备了创新精神，才能更好地使大学精神文化建设具有活力。

（四）端正学风、校风，提高师生志向

大学培养创新型人才的过程，不仅和大学的学术水平、培养模式息息相关，同时还和大学的学风、校风以及大学文化的熏陶有着密切的联系，要努力在大学弘扬"崇尚科学，鼓励创新，兼容并包"的现代大学文化精神，形成"开放、和谐、严谨、求实"的学风和校风。如果大学缺乏特有的而且是必须具有的包容性和民主、自由的环境，将会对大学的学风和校风的建设形成阻碍，同时也不会培养出大批创新型人才，更不利于大学创造探究性的校园文化的形成。大学的学风、校风以及管理作风作为大学精神文化建设在实践层面上的具体体现，告诉了学生、教师以及管理者应当如何去践行当前大学的价值追求。每个大学的价值追求是不一样的，所形成的学风和校风也就会有所不同。大学为了培养创新人才，必须要端正大学的学风、校风和管理作风，以此来提高学生、教师以及管理者的志向。首先，在学风、校风的建设上，大学的管理者要根据学校自身的办学层次、学科定位、地理位置、历史沿革等，制定适合自身发展的规章制度、校训等。而如今的很多高校，其校训大有趋同之势，缺乏个性和创新之处，学生和教师并不能真正地理解校训中所隐含的寓意，导致校训在大学精神文化建设中没有发挥出更大的作用，没能很好地激发学生和教师的远大抱负，使学生和教师的思想意识仅仅停留在传统的层面上，固定不变。其次，在大学的管理作风建设上，用先进的办学理念来引领大学的建设和发展。大学的管理者在用人上要不断地引进那些思想活跃、科研水平较高以及具有一定创新能力的管理者去管理教学和实践；在制定创新人才的培养模式时，适当地引入开放、和谐以及求实的思想，让学生和教师能够在遵守学校管理制度的前提下去实现各自的目标，这样不仅能够提高学生学习的积极性，同时也能够使教师对知识进行不断的更新和创新，通过人才培养过程，更好地实现自身的价值。

第七章 加强创新型师资队伍建设

　　培养高素质的创新型人才是大学的根本任务，是否拥有一支高素质、高水平的创新型师资队伍是培养创新型人才的基本保证。自主创新和可持续发展战略是中国 21 世纪的两大发展战略，创新型师资队伍建设是实现国家两大发展战略的基础。一定程度上，这两大战略实质上都可归结为人才战略，而人才战略的实现最终需落实到培养造就高素质创新型师资队伍上，没有一流的创新型师资力量，就培养不出一流的创新型人才，也出不了一流的创新成果。创新型师资队伍建设也是创新型、研究型大学自身发展的需要。高素质的师资队伍是学校发展最重要的资源，是高校改革和发展的头等大事，也是提高教育质量、决定一所大学核心竞争力的关键所在。坚持"人才强校"战略，提升大学核心竞争力，培养高素质人才，冲击世界一流大学，关键在于提高师资队伍的素质和创新能力，把创新型师资队伍建设放在首位。

　　所谓创新型师资队伍，必须是由德才兼备，具有探索性、创造性、开拓性的创新型复合人才组成的集合体。其个体须具有：①广博、完整的知识架构。创新是以丰富、广博、深厚的知识作为基础，这就要求个体须具有基本的、综合的、系统的、开放的、动态的知识体系。②强烈的质疑意识。善于以敏锐的洞察力、非常规的思路发现问题，敢于挑战并提出质疑，同时要具有坚持创新的热情和勇气。③突出的探索能力。对提出的质疑，以独特的求异思维开辟新思路、提出新理念、探索新方法去解决。另外还要有：①崇高的职业精神。具有真正无私奉献的师魂、诚实正直的师德、严谨求实的师风、敢于开拓的锐气。②出色的教研能力。善于通过运用自己的知识，在工作中总结和求新索异，不断探索和超越自我。③先进的教育理念。注重引导、激发学生的创新精神，使其潜能得以充分发挥，个性得以全面发展。④高超的教学、管理艺术。能灵活运用多样化教学方式及人性化管理模式，才能富于创意和活力，以达到教学相长的目的。

一　师德师风建设

师德师风是指教职员工在从事教学、管理、服务等教育活动过程中所形成的比较稳定的道德观念、道德行为规范和道德品质及其行为体现。

师德师风集中体现了教师的职业道德与学术治学风气，是教师德与才的统一表现，是培养高质量人才的根本[1]。它关系到高校的办学方向，即关系到高校社会服务、人才培养和科学研究三大职能的实现，是促进高校改革、发展、稳定的重要精神动力和思想保证。高校师德师风建设是一项复杂的工程，既是加强教师队伍建设的首要任务，也是高校各项工作的基础，我们必须认识到高校师德师风建设对学校的发展有着极为重要的影响。应正确面对当前高校师德师风建设过程中的问题，引导教师树立正确的师德师风观，增强教师职业责任感，鼓励教师认真完成工作，促进高校教师师德师风建设的发展。

2014年9月9日，习近平在和北京师范大学师生代表座谈时分别从理想信念、道德情操、扎实学识和仁爱之心四个方面谈到了对教师基本素质的要求，习近平表示："教师重要，就在于教师的工作是塑造灵魂、塑造生命、塑造人的工作，古人云'传道、授业、解惑'，教师职责第一位的就应该是'传道'。"中华民族在两千多年的教育实践中，形成了优良的师德师风传统，如"当师之务，在于胜理，在于行义""为人师表，教学相长""学高为人师，身正为人范"等有

---

[1]　陈强：《加强师德师风建设构建和谐社会教育》，《湖北师范学院学报》（哲学社会科学版）2006年第26期。

关师德师风的思想。"经师易遇，人师难遭"，高校教师既要授业，更要传道，不仅要做传授知识的"经师"，更要做育人的"人师"。新时期师德师风的规范是在继承和发扬优良传统的基础上，结合未来社会对教师的新要求而提炼出来的。因此，"爱岗敬业、提高本领，教书育人、为人师表，严谨治学、开拓创新，关心学生、依法执教"应成为高校教师师德师风建设的基本内容。综合借鉴国内外师德师风建设的有关理论成果和实践经验，高校对于有利于创新型人才培养的师德师风建设应从主客观两个方面加以完善。

（一）教师要提高自身的师德师风修养

理论是思想的先导，思想是行动的指南。思想道德建设在高校师德师风建设中是灵魂和基础，贯穿于高校师德师风建设的全过程。

1. 教师要努力学习有关师德师风的理论，培养献身教育的理想人格

有关师德师风的理论是教师对教育教学实践经验教训的总结和提炼，也是教师进行职业道德修养锻炼的指导思想。只有掌握了它，才能辨别善恶是非，并在自己的思想领域里用正确的、先进的道德观念战胜错误的、落后的道德观念。培养教师道德的理想人格，就是要求人民教师确立践行师德师风的崇高理想和严谨作风，在道德修养实践中以师德师风的先进典型作为自己思想和行为的楷模，鼓励和鞭策自己以崇高的道德品质作为行动的目标，使自己的道德修养方向正确、动力充足；要求教师将个人自学与教育部门组织的学习相结合，加强师德师风理论的学习。

2. 教师要积极运用创新思维服务于教育教学实践，做到"即知即行"和"知行统一"

参加社会实践，投身教育教学工作，坚持理论与实践相结合的原则，在教育教学实践中进行师德师风修养的锻炼，是提高教师修养的基本途径。教师在学习理论知识时，要不断认真研究，反复学习，对比实际的思想和行为，找出不足之处加以改进，在原有理论知识的基础上进行创新，学习新的师德师风理论知识，并将其运用到具体实践活动中，以实践来检验理论知识的正确性，将理论与实践结合，以此

强调师德师风修养的自觉性和严格性。从教师的道德认识、道德情感、道德意志、道德信念到教师的道德行为和习惯，教师道德修养的全过程自始至终都是在教育教学的实践中进行的。因此，教师要积极参加学科建设、科学研究，还要引导学生参与教育教学实践；并在处理师生之间、同事之间、教师与家长之间、教师与社会其他成员之间关系的过程中，认识自己行为的是与非，辨别善与恶，逐渐培养自己良好的教师道德和品质以及"即知即行、知行统一"的实践精神。

3. 教师要正确开展批评与自我批评，坚持"慎独"和反思精神

正确开展批评与自我批评，是教师锻炼师德师风的根本方法，也是促进个人进步的动力。由于教师的劳动艰辛、繁重、复杂，所以教师在师德师风锻炼过程中难免会经历反复或曲折，也会因种种原因出现这样或那样的缺点和错误。因此，青年教师要学会正确对待自己在师德师风锻炼中违背教师道德的言论和行为，要学会反省和改正。"慎独"是中国古代名人贤士传统的道德修养方法和原则，现代教师在师德师风锻炼中，更要大力弘扬"慎独"思想。这就要求教师时时处处以高尚的师德和正派的师风严格要求自己，努力做到在有无学生、有无领导、有无同事、有无家长的情况下都能始终如一地坚持原则、规范言行、保持操守。

4. 教师要树立明确的学习目标，虚心向身边的榜样学习

先进教师对事业一丝不苟的严谨态度以及对学生谆谆教诲的耐心和热情，会使普通教师受到启发和感染，进而影响他们的思想和行为，监督和促使他们以先进人物为榜样，取长补短，提高师德师风修养水平。因此，普通教师，特别是青年教师，在如何教书育人、为人师表方面要虚心向先进教师学习；同时，在工作和生活中，要继承和发扬先进教师的奉献精神、热爱学生的高尚品质以及严谨治学的科学态度。

（二）强化引领师德师风建设的保障制度

1. 发挥舆论导向作用，建立良好的引导机制

发挥和加强社会舆论导向的作用，在全社会营造尊重知识、尊重人才、尊重教师和关心教育的良好社会氛围，增强广大教师的光荣

感、责任感和使命感，激发教师爱教乐教、教书育人的热情。同时，高校要营造宽松的创业环境和舒心的人事环境，通过深化教学管理体制、科研管理体制、利益分配制度改革，形成有利于教书育人、学术风气端正、学术行为规范的制度环境和良好氛围，为青年教师努力钻研业务、进行科研实践、投身学科建设、积极教书育人提供条件。

2. 健全规章制度，依法保障高校师德师风建设

制定和完善有关师德师风教育的法规。深入了解关于教师思想、道德、作风建设的政策规定，提高教师自觉加强自身道德素质的认识，为高校师德师风建设奠定理论基础。深入学习由教育管理部门颁布的《公民道德建设实施纲要》《教育法》《教师法》《高等教育法》以及《高等学校教师职业道德规范》等相关法规，从宏观上用法律强制约束教师师德师风行为，使教师了解当代的合格教师应该具备什么样的思想素质，应做出什么样的行为。在教师入职前对教师进行岗前师德师风教育。但是高校师德师风建设相关的法律规范，还存在着不足之处，如教师的权利义务对等关系不太合理，对教师应尽义务的相关规定较多，对教师享有权利的相关规定较为模糊。因此，应该继续抓紧修订完善现有的法律规范，对不符合时代发展要求的规定予以修改或废除，完善教师资格认证制度，建立科学的教师评价考核及职称晋升制度。

3. 开展师德师风教育培训，提高对师德师风建设的认识

教师有教书育人的职责。教师素质的高低，会影响到人才素质的高低，抓好教师队伍建设是一项十分紧迫的任务。从古至今，教师队伍中一直有着爱岗敬业、为人师表的优良传统，而这些正是高校师德师风建设最主要的内容，是教师最基本的职责。要引导教师树立爱岗敬业的理想信念。广大教师必须增强教师职业荣誉感，为教育事业奉献自我，做好教育教学工作。从目前情况看，教师的荣誉感和奉献精神在一部分教师身上缺失，即使在大多数热爱教育事业的高校教师中，也出现了热情减退的现象。因此，必须加强高等学校教师师德师风教育，坚定教师职业理想信念，不断提高教师的师德师风修养。

加大对教师业务能力培养和培训的力度，使教师提高师德师风修

养的自觉性增强。高校教师必须拥有丰富的理论知识和深厚的文化底蕴，才会拥有较高的师德师风修养，对学生起到引导作用。作为教师，要教书育人，必须在努力提高自己人格的同时，自觉地吸收不断发展的新知识，使自己在教育阵地上永远有立足之地。只有教育教学技能不断加强，才能为特色社会主义建设培养出合格的人才。陶行知先生曾说："教师个人的一言一行，一举一动，都要修养到不愧人师的地步。"这就要求教师要对自己严格要求，为人师表，爱岗敬业。爱岗敬业是教师职业道德的基础和前提，教师要不断提高自身素质，树立良好的师德师风形象。

规范培训工作的各个环节，增强教师教书育人的能力。首先，要搞好新教师的岗前培训工作，把好"入口关"。高校要对新进的教师开展包括师德师风、职业修养、教育法规等内容在内的培训，并严格考核，把是否熟悉和掌握师德师风的相关理论作为上岗的重要依据。其次，要建立教师岗位培训制度，抓好"过程关"。高校要建立完善的教师培训体系，注重教师思想政治素质的提高，使教师树立"志存高远，爱岗敬业，忠于职守，乐于奉献"的职业理想；重视教师教学能力和科研水平的提高，加强教育和教学方法的培训，切实提高教师教书育人的能力。

4. 健全师德师风评价体系，形成激励和约束机制

科学的师德师风评价，可以增强教师工作和学习的积极性；可以规定教师道德修养的方向，促使教师沿着正确的修养道路前进；还可以巩固教师"善"的行为，逐渐形成好的行为习惯。所以对教师的师德师风进行评价，关系着教师在教育教学中作用的发挥，影响着教育事业的发展。因此，高校要建立健全学生评价、同行评价和教育管理职能部门评价相结合的师德师风评价制度；建立科学的教师道德评价标准，运用正确的道德评价方式和方法，对教师的师德师风进行赞扬或批评、鼓励或谴责、示范或劝阻、肯定或否定，使教师的行为符合社会的道德要求，对人们产生一种榜样作用和潜移默化的影响。同时，要健全规章制度，搞好评估与监督。师德师风建设要以一整套完善的规章制度作为保障。如教师教书育人条例、教学工作条例、教师

职业道德规范、教师文明用语等，注重抓严、抓细、抓实。养成并强化教师遵守法规、法纪，遵守良好职业道德规范的自觉性，建立教学评估、教学监督制度，及时了解和掌握教师的教学动态和师德师风建设情况，把高校师德师风建设工作置于群众监督之中。

5. 加强宣传、提高认识，积极营造高校师德师风建设的良好氛围

加强高校师德师风建设宣传教育，提高教师认识水平并加强师德修养自觉性。长期以来，一些高校由于忽视了师德师风建设工作，部分教师只重视科研和专业知识水平的提高，忽视师德师风的培养。在对教师进行师德师风教育过程中，没有对教师学术道德进行规范教育。因此，要充分认识现阶段我国高校师德师风建设的问题，把教师师德师风建设作为重要的工作进行。要充分利用高校的各种活动与教学工具，宣传师德师风教育，在高校建立良好的师德师风建设氛围。高校教师必须认识到师德师风建设的重要性，自觉主动地接受师德师风教育，无愧于教师教书育人的职责。要时时自我反省，树立高尚的道德情操，以自己高尚的师德师风品质影响学生的思想道德素质。同时坚持开展师德师风宣传教育活动，坚持从实际出发，以实践检验理论思想，让教师深刻认识到师德师风建设的重要性，使教师自觉将师德师风规范内化为自我意识，并指导教师的教学活动。我们鼓励教师积极参加各种实践活动，从实践中探索出教育教学规律，了解党提出的社会发展路线、方针、政策，从而树立正确的世界观、人生观和价值观，增强教师对自身职业的荣誉感。

突出重点，树立典型，弘扬先进，鞭策后进。榜样的力量是无穷的，榜样代表着一种积极向上的前进力量，可以产生巨大的影响力、感召力和激励作用。坚持在教师队伍中树立并宣传一批教书育人的先进典型，营造学校良好的教育氛围和环境，是高校师德师风建设的重要环节。高校要积极开展多种形式的师德师风教育活动，大力宣传师德师风建设取得显著成绩的单位和师德高尚教师的先进事迹。部分高校可通过评选优秀教师、先进集体，设立师德奖项，开展向先进典型学习，争当师德标兵和师德建设先进的活动来表扬先进，激励和引导广大教师更好地发挥教书育人的积极性、主动性和创造性，提高教学

水平。要注意发现师德师风建设中的真人、真事,大力宣传师德师风先进典型的好思想、好经验、好方法,努力营造争当师德师风建设先进的校园氛围,进而全面推动高校师德师风建设工作的开展。

二　教师队伍结构优化

建设一支高素质的创新型教师队伍是完成培养创新型人才这一使命的重要人才保障。创新型教师队伍,就是能适应创新型人才培养的根本任务和竞争日益激烈的高校发展形势,具有较强的学习、进取、奉献意识,富有创新精神,具有创造能力,积极探索创新方式方法的教学科研人才,对象主要包括教学技能高、能够启发学生创造性思维的高水平教师,能够在学术上有建树、出代表性成果的科研骨干,能推动某个学科或某个专业发展的领军人物。

优化教师队伍结构建设对于深化教学改革、推进学校内涵建设具有重要现实意义,主要包括以下几方面:一是贯彻落实国家发展战略的基本要求。近年来,国家提出并一直强调建设创新型国家,建设创新型人才队伍,为加快转变经济发展方式、推进产业结构优化升级提供人才支撑。高校是集聚创新型人才的高地,培养创新型人才的基地,但前提是高校要拥有一支高层次的创新型师资队伍,这也是高校加强人才队伍建设的基本目标。二是推进内涵式发展的根本条件。推动高等教育内涵式发展,是新的历史时期我国高等教育深化改革、科学发展的基本方向,也是高校自身发展的必然选择,这决定了高校谋划发展、推动发展必须更多地在内涵发展上做文章。创新型师资队伍是全面提高办学水平和教育质量的核心要素,是推进内涵式发展的关键。高校应把创新型人才队伍建设放在更加突出的位置,着力推进人事制度改革,着力形成汇聚人才和发挥作用的体制机制,着力营造有利于人才奋发进取、干事创业的良好氛围,大力推动内涵建设。三是提升人才培养质量的迫切需要。近年来,为了保证人才质量,教育主管部门通过全面评估、专项评估等形式,对高等学校办学情况进行评判、评价。各类评估的主要对象都包括教师队伍，这对深入实施人才强校战略，加强创新型师资队伍建设提出了更高、更迫切的要求。高校只有依照评估要求，积极创造条件，更加准确地把握特色定位、办学思路、教学改革的有关要求，更新师资队伍建设观念，有针对性地优化教师队伍结构，才能适应发展需要，为提升人才培养质量创造条件。

（一）树立创新型师资队伍建设的新理念

目前，大多数地方高校创新型师资队伍建设情况还不容乐观，体现在教师业务能力有待提高、教育素养需要提升、教育理念创新不足等方面。具体包括以下几个方面：一是适应性不强。普遍来看，高校尤其是地方高校当前的人才队伍建设现状，与适应学校内涵式发展的要求还有差距。随着学校招生办学规模的扩大、办学空间的拓展、办学层次的提升、办学理念的更新，师资和科研队伍整体层次有待提高，具有较强创新能力、较高创新水平的学科带头人、博士数量相对较少。二是统筹性不够。高校需要进一步统筹学校发展目标、专业学科建设方向和人才队伍建设导向，有待在重点培养高素质科研队伍、优秀教师、科技尖子人才和推进中青年人才队伍建设等方面做进一步研究。三是平衡性不足。高校内部单位、部门对人才工作的重视程度、推动工作力度不平衡，在人才工作理念、思路和方式方法的科学性上不平衡，在队伍建设和推动教学科研管理工作成效上不平衡。

结合高校发展实际，按照高层次创新型师资队伍建设的基本规律，有关政府管理部门和高校需要不断创新师资队伍建设理念。主要内容有：一是强化"培育"理念。新形势下，加快经济发展方式转变，推进产业结构优化升级，需要具有创新素质的高层次人才队伍做支撑。对高校来讲，创新型教师的基本体现就是能够创造专业新知识、发明生产新技术、创建教育新方法等。加强高层次人才队伍建设，就是要突出创新、强调创新、鼓励创新、奖励创新，特别是引导青年教师勇于创新、学会创新，成长为创新型人才。二是强化"协同"理念。高校应积极开展协同创新实践，积极探索校校协同、校企协同等创新模式，为教师主动融入地方经济社会发展创造机会，为教师成长搭建平台，让教师在社会服务中真正地成长起来，充分发挥智囊团、思想库作用。三是强化"适应"理念。高层次人才队伍建设，要与学校发展定位相一致，与学科建设、专业建设相一致，要根据学校的主干学科、特色专业发展需要，确定人才引进对象，明确人才培养的方向，培养学科带头人，形成人才梯队，建设一支适应学校发展需要的高层次人才队伍[①]。

（二）培育创新型师资队伍建设的新机制

1. 改进教师招聘模式，优化年龄结构

创新意识是建立在对所从事的领域有一定的研究基础和实践经验之上的思维产物，我们应该承认教师创新能力高低与其年龄之间并无显著联系。首先，要纠正高校中普遍存在的教师队伍越年轻越好，年富力强等于创新能力强的认识误区，改变重年轻教师招聘、轻中老龄教师引进，特别是改变招聘教师过程中普遍设置的硕士 30 岁、博士 35 岁之类年龄限制的做法，招用有利于优化教师队伍原有年龄结构的新生力量。

其次，改变单一的从高校到高校教师招聘渠道。如仅局限于招聘应届毕业生，一般就只能招到年纪较轻的教师，目前教师队伍存在的年轻教师比例过大、中老龄教师比重过小的失衡状况就难以得到调整。因此，应拓宽教师招聘渠道，注重从行政、企业、研究所、其他社会组织和自由职业者群体中招聘具有相应能力、经验丰富、年龄较大的教师，以调整教师队伍中"少多老少"的年龄结构。尤其对于地方高校而言，应重视从各个行业招聘有丰富实践经验的中老龄科技人员或专家到学校任教，这不仅可以起到优化年龄结构的作用，还可以有利于优化教师队伍的知识结构和技能结构，加强高校与地方的相互联系。

最后，开发"银发工程"。目前我国高校 55 岁以上的教师比例较低，而地方高校本来高职称教师比例就比较低，有些教师到了 50 岁左右才能评上教授，高职称教师过早退休对于地方高校而言无疑是一个巨大损失，导致高校教师队伍缺乏足够的能起到传、帮、带、领、

---

① 郭俊：《高校创新型师资队伍建设的理念与机制研究》，《科教文汇》2014 年第 6 期。

引作用的教师，非常不利于教师队伍的正常新陈代谢。因此，高校除了大力招聘青年高层次人才外，还应开发"银发工程"，在现有统一退休制度一时难以改变的情况下，返聘高职称、精力较为充沛、愿意继续从教的退休老教师，进一步消解老龄教师比例过小的结构失衡问题。当然更好的办法是，国家从宏观上制定科学合理的高校教师退休制度，高校拥有更大自主权实行较为灵活的教师退休机制，改变目前过于僵化的学术职业退休政策。只有这样，才能从根本上解决高校教师队伍中老龄教师比例偏小、创新型师资队伍建设缺乏学术根基的问题。

2. 提高学历标准，优化学历结构

优化学历结构是建立一支创新型师资队伍的必然要求。首先，要不断提高教师队伍总体学历层次，适度提高高校教师资格认定的学历标准，国家通过调整或制定相关法规，规定今后申报本科高校教师资格的，最低要拥有硕士学位，通过提高职业资格入口的学历标准逐步提高教师队伍总体学历层次。高校要发展壮大，要取得竞争优势，适应社会需要，离不开高层次人才的引进和竞争，因此高校管理者应大力挖掘潜在资源，科学配置现有资源，在资金使用上向教师队伍建设倾斜，通过提高教师待遇、转变管理方式、营造良好氛围等措施吸引、招聘更多的博士毕业生。

其次，适度提高职称晋升的学历标准。国家应调整相关制度，严格制定教授、副教授职称晋升的最低学历标准，比如，规定申报高级职称者首先要拥有硕士学位。通过提高学历标准激励低职称教师发愤图强，积极参加高学历进修。

最后，加大在职教师的学历进修力度。在我国目前教师流动制度比较僵化的情况下，要优化教师队伍学历结构，除了大力招聘高学历教师外，还可以选送或鼓励教师攻读高学历课程并取得相应学位。所以，高校应做好长期规划，划拨更多专项资金，采用在职和脱产相结合方式，每年拿出更多名额，支持、鼓励、选派教师攻读高学历（学位）课程，逐步转变教师队伍中高学历教师偏少、低学历教师过多的学历结构。

3. 建立合理的竞争机制，构建利于创新的文化环境

高等学校要实现培养拔尖创新型人才这一目标，关键在于建设一支具有创新精神和创新能力的师资队伍。因此，高等学校应树立新时期的人才观，注重教师队伍的合理流动与开放，优化师资队伍结构，提高师资队伍的综合素质。同时，高等学校要研究制定科学的教师思想道德和业务行为规范，积极探索提高学术队伍凝聚力的人才组织新模式，通过完善教学质量评价体系和职称评聘制度等多种途径，建立优胜劣汰的竞争机制和有利于创新团队建设和发展的管理和考核机制，使具备高素质和科技创新潜能的教师脱颖而出，促使高校教师创新能力的发展。

文化环境是一个深层次的影响高校教师科研创新能力培养和提高的潜在因素，是培育创新智慧的土壤。当今时代，科学技术高度分化又高度综合，许多创新都诞生于学科交叉渗透的领域，因此，学校应建设一个多学科交叉渗透的、开放的学术文化氛围，营造一种崇尚创新、平等竞争的文化环境，促使知识、能力有效互补，产生智力叠加效应，进而顺利实现创新的目标；学校还应鼓励团队协作，提倡集体攻关，形成团结协作、积极向上的工作氛围，促使高校教师产生强烈的集体归属感和高涨的创新激情，让不同学科的教师一起合作搞科研。

4. 坚持特色发展、注重交叉融合，优化学科结构

坚持特色发展的学科建设思路。相对于部属院校而言，普通高校数量庞大、布局密集，如果各校趋同发展，就会使学科资源分散，重复建设，难以形成集中优势，而且容易造成资源浪费。因此，普通高校要立足本地经济社会发展状况，立足本校实际，各校之间不趋同发展，校内各学科不平均用力，找准特色学科发展切入点，挖掘特色学科相关资源，整合特色学科师资力量，搭建特色学科发展平台，形成特色学科发展优势。普通高校的学科发展不在于多，不在于全，而在于有所为有所不为、重点突出、优势明显、适当兼顾。政府主管部门在审批专业设置和招生指标时，应根据合理布局的原则，扶持特色学科发展，减少审批趋同专业设置的申报，压缩趋同专业招生指标，引

导各高校围绕自身优势，扬长避短，形成不同的特色学科发展格局。

注重学科交叉融合。高校校内学科师资布局应处理好分科发展和综合发展之间的关系，正确处理好学科分化发展和学科融合发展之间的矛盾；二级学院的设置不应过多过细；应注重搭建不同学科、不同院系教师交流的平台，形成良好的不同学科教师交流合作机制。随着信息时代和大学科时代的到来，高校只有培养具有宽厚学科基础的人才，才能适应瞬息万变的时代；只有不同学科的交流借鉴和交叉融合，才能更好提升学科发展内涵，不断增强学科造血能力，培育学科发展的增长点。总之，学科师资的交叉融合是培养基础宽厚创新型人才并促进学科不断发展的重要举措。

5. 丰富学缘类别，优化学缘结构

目前，我国地方本科院校教师队伍学缘结构普遍存在的主要问题包括：一是部分建校历史较长、办学质量较高尤其是拥有硕士和博士学位授予权的地方高校教师"近亲繁殖"问题还没有得到较好的解决；二是地方高校学缘的本地化（"近亲繁殖"就是本校化，是本地化的特例）普遍较高，同时来自于更高层次高校尤其是名牌大学学缘的比例偏小。因此，要优化高校教师队伍学缘结构，应做好如下三点：

首先，继续克服"近亲繁殖"，丰富学缘类别。部分"近亲繁殖"较为严重的高校管理者应提高认识，从促进不同思想交流借鉴和营造良好创新氛围出发，克服"近亲繁殖"定式，严格控制本校应届毕业生入校任教人数。

其次，克服学缘本地化，扩大学缘来源高校的地理覆盖面，注重从省外乃至国外的多个高等教育发展中心招聘人才。目前我国很多高校学缘本地化偏高，有的高校教师学缘本省化甚至超过七成。教师学缘本地化过高局限了教师队伍的学术视野，使教师无法全面了解外地学术动态、准确把握全国乃至世界的学术发展脉搏、及时跟踪和追逐学术发展前沿，进而制约高校学术发展步伐。因此，高校今后应大范围招聘教师，招揽更多省外乃至海外优秀毕业生，不断延伸学术触角，扩大自身影响范围，提高摄取远方学术资源的能力，为自身发展创造更好条件。只有克服学缘本地化才能实现学缘结构上的远缘杂交。

最后，重视从"211"、"985"重点大学招聘教师。重点大学一般都是学术重镇，是学术前沿阵地，以及学术资源的聚集地，拥有学术资源配置的核心话语权。高校只有不断加大高层次学缘的引进力度，才能不断靠近学术中心，增加教师参与主流学术活动的机会，逐步提高本校在学术体系中的地位和声望。

6. 营造创新氛围，优化联结结构

学术队伍只有不断加强成员之间的学术性联结，才能实现成员间的优势互补，提升队伍的整体性功能，而加强教师队伍学术性联结的唯一途径，就是开展多样性的正规化和个性化学术交往活动。当前导致我国高校教师队伍联结结构失衡的两大因素是学术氛围欠佳和学校开展的学术活动较少，因此，必须采取相应措施，解决这两大主要问题。

首先，营造良好创新氛围，促进教师学术交往。学术活动的本质就是创新，离开了创新就没有学术，有了良好的创新氛围，教师才能乐于从事学术事业，进而乐于进行学术交往。营造良好的创新氛围，一方面，要旗帜鲜明地尊重学术、尊重学术人才、尊重学术成果，反对抄袭剽窃、反对粗制滥造、反对学术腐败；另一方面，要鼓励创新、激发创新、呵护创新、保障创新、重赏创新。学校领导和教授要树立楷模，要在追求真理、追求卓越、自由平等、交流分享、解质答疑、合作竞争、包容多元等方面做出表率，以感染、带动、激发整个教师队伍向往学术、喜爱学术、追求学术，进而推动教师开展多样化、个性化的学术交往活动并提高正规化学术交往的效果，加强教师队伍学术性联结。

其次，科学搭建交往平台，创造多样交往条件。长期以来，我国高校尤其是地方高校组织开展的集体性学术活动过少，教师缺乏开展学术交往的平台和机会。因此高校应根据自身实际，科学合理地搭建适应本校教师开展学术交往的多样平台，以平台创造机会。主要包括以下几种类型：一是机构平台。二级机构设置要简洁化和综合化，成立多学科（多院系）的学术交流中心，定期由各学科（各院系）报告本学科的国际国内学术动态，介绍本院系学术进展状况、面临的困难以及与其他学科（院系）合作的愿景，促进不同学科教师之间的交往交流。二是院系内部机构平台。院系内部机构设置要人性化和服务化，比如，设置教学卓越中心、科研咨询中心、职称晋升服务中心、教师职业发展中心、教师业务帮扶中心等。而且机构要有场地，定期开展活动，为教师的交流与合作提供灵活多样的机会。三是项目平台。通过项目平台加强教师之间的学术沟通、交流与合作。四是讲座平台。邀请校外专家到学校开讲座，组织教师参与聆听和互动；组织校内名师轮流开讲座，组织其他教师互听互评互议，鼓励和引导教师参与，提高交流的深度、广度和效果。五是其他平台。这种平台更为灵活多样，比如各院系、中心、基地围绕社会或学科某主题开展学术沙龙、学术茶会，或者开展非主题性的发散式学术聚会，丰富教师的学术生活。所有这些平台和活动都有利于促进不同教师之间的学术交往，优化教师队伍联结结构。

7. 调整价值取向，强化合理调控，增加经费投入

政府是高校的管理者，政府管理行为不可避免地会对高校教师队伍结构产生深刻影响。

首先，政府要调整偏颇的价值取向。一是政府应调整过于行政化的管理取向，变微观管理为宏观管理，从宏观上积极引导和督促高校自主调整教师队伍结构；高校应调整过于行政化的管理取向，尊重学术发展规律和学术职业特点，采取科学合理措施优化教师队伍结构。二是政府和高校应调整重规模扩张轻结构调整的高等教育发展取向。政府科学制定宏观政策引导高校重视和调整教师队伍结构，高校通过挖掘潜在资源和整合现有力量，调整要素匹配关系，促进教师之间的学术交往，优化教师队伍结构。三是政府应调整大一统的管理取向，在制定职称、教师退休等制度时充分考虑高校的多样性和特殊性，为高校调整教师队伍结构提供制度引导和政策服务。四是政府应调整重理工、轻人文的学科管理取向，做到国家层面上的学科布局和发展既重点突出，又相互兼顾，各学科师资搭配比例适当。五是高校应调整

重热门轻冷门、趋同攀比、过度分化管理的学科发展取向，做到学科布局适应地方高校特点，适应地方经济社会发展需要，适应现代学科发展规律，有利于不同学科之间的交流、交叉、渗透和融合，有利于学科特色的形成和凸显。

其次，强化政府合理调控。一是以法规政策加以调控。通过科学制定、及时颁发和严格实施各种相关学术职业政策法律，引导高校调整和优化教师队伍结构。二是以经费手段加以调控。比如，对于高校存在过于追求热门、忽视冷门的状况，政府通过合理控制热门学科发展经费、适度增加冷门学科发展投资引导高校优化教师队伍学科结构。三是以评估手段加以调控。政府科学制定教师队伍评估标准体系，严格实施相关评估细则，引导、监督地方高校优化教师队伍结构。

最后，增加经费投入。一是政府层面加大教育投入，可使高校有充裕经费用于教师队伍建设；大力发展研究生教育，可为高校优化教师队伍结构提供充裕的师资储备；大力建设全国性的教师进修培训基地、教师项目合作基地、教师学术交流基地，可不断提升教师素质和能力，为教师获得高职称晋升创造更多机会；扩大高校教师国际交流合作机会，可使更多的教师参与出国进修、访学和学术合作等。二是高校自身加大专项经费投入，可大力引进有利于调整原有教师队伍结构的各式各类高层次人才，也可为教师提供更多的学历进修、专业培训和业务交流合作机会等。总之，充足的办学经费是优化高校教师队伍结构的重要基础。

三　教师创新能力的提高

要提高教师的创新能力，必须健全教师教学创新能力、科研创新能力的培养体系，推动教师创新基础的提高；完善大学的组织结构，发挥教师学术团队的积极作用；改革高校的组织制度，加强对大学教师创新的激励；培育校内创新文化，为教师创新能力的发展营造良好的文化氛围。

（一）树立先进的教育理念

理念是实践的先导。目前我国的经济体制深刻变革、社会结构深刻变动、利益格局深刻调整、思想观念深刻变化，使当代大学生群体的主体意识不断增强、思想多元多变的特征愈发明显，在这种情形下，以往把大学生单纯视为被动的接受者，片面强调社会规范、道德规则的简单传授和单向灌输，忽略大学生主体性和互动性的思维模式的教育理念和教育方法已经不适应于现代社会的发展需要。所以，思想政治教育专业创新型师资队伍的建设首先需要转变教育理念。教育理念是教育过程的一个基本要素，是思想政治教育专业目标和任务的具体化，直接关系到其目标的实现和任务的完成。教育理念的确定，应以思想政治教育专业的目标和任务为客观依据，以受教育者的水平状况为现实依据。具体体现在以下几个方面。

1. 以人为本的教育理念

以人为本的教育理念是推进创新型人才培养的关键。中共中央、国务院《关于进一步加强和改进大学生思想政治教育的意见》指出，"新形势下加强和改进大学生思想政治教育，必须坚持以人为本，贴近实际、贴近生活、贴近学生"。从根本意义上说，思想政治教育就是做人的工作，必须弘扬以人为本的教育理念，做到尊重人、理解人、关心人和帮助人。这一论断为新时期思想政治教育专业的发展指明了方向。

首先，贯彻"以人为本"的教育理念，深化专业教育以学生为中心的观念意识。以人为本，首先是教育观念上的人本化，坚持学生第一位，以学生的发展需求为出发点，切实保障和维护学生的合法权益。尊重学生比热爱学生更加重要，效果也更加直接，要尊重学生的主体意识、尊重学生的情感世界、尊重学生的个性发展，用真诚之心去凝聚学生，要加强与学生沟通，采取多种形式帮助学生解决实际困难。要提倡多样性，鼓励学生的个性化发展，培养学生的探索精神。其次，遵守教育教学中的个性化原则和教育管理上的人性化原则。教育教学中的个性化是指以学生的实际情况为本，针对学生的个性特点，做到因人而异，因材施教，必须使我们的教育内容和方法合乎时代要求和学生特点，提高思想政治教育专业教育的针对性和实效性；教育管理上的人性化是指体现服务与关爱，把关爱与尊重和教育管理有机地结合起来，培养学生参与自我管理的积极性，在管理中充分调动学生的主观能动性，与其愉快合作，使其心情舒畅、健康成长。最后，要有把学生的成长成才需要作为自己工作切入点的意识。思想政治教育专业教育必须同满足学生的实际需要相结合，激起并满足学生合理的需要是创新型人才培养取得实效的关键。所以，在大学生成长成材的愿望与迫切性日益强烈的情况下，专业教师必须转变观念，从社会需要和大学生个人成才需要的结合点上找准切入点，因势利导，激发学生对专业学习的主动性、积极性和自觉性。

2. 理论联系实际的教育理念

理论源于实践，又指导实践，受实践检验，这就要求理论传授要与生活实践俱进。"理论与实践的统一，是马克思主义的一个最基本的原则"①。理论联系实际是马克思主义的根本特点，也是思想政治教育取得实效的必然方法。要不断深入学习马克思主义理论，把握其精神实质，并随着社会不断进步和发展而不断地丰富理论内容。要做到理论联系实际，在专业教育过程中不能轻视理论，也不能脱离生活，运用科学的方法，正确引导学生进行社会实践，获取丰富的知识经验，使感性认识上升为理性认识，从而增强创新型人才培养的实效性。

坚持理论联系实际，就是要强化以培养学生实践能力为重点的观念意识。社会实践活动作为对大学生进行素质教育与能力培养的一种行之有效的教育方式，很好地融合了学校教育、社会教育和自我教育，在思想政治教育专业教学过程中发挥着无可替代的积极作用。坚持理论联系实际，就是要把实践作为基础，把学生关心和关注的社会热点问题结合到专业学习中来。在教学中，突出教育理念、内容与社会生产现状相结合的原则，以理论为指导，以实践为依托，把所学的

---

① 《毛泽东选集》第五卷，人民出版社 1977 年版，第 297 页。

理论知识和实际生活紧紧地联系在一起，把理论知识运用到生产生活当中去，培养学生的实践创新能力。

3. 促进学生全面发展的教育理念

注重人文关怀，即理解学生、关心学生、尊重学生、爱护学生、一切为了学生，在教育教学过程中，既要"备课"，更要"备人"，改变注重书本、注重理论、注重课堂而忽视了学生的需要与实际的倾向，从而达到促进人的全面发展的目的①。"人的全面发展"的理论是马克思主义理论的重要组成部分，它确定了思想政治教育专业人才培养工作的终极目标和价值。

树立学生全面发展的教育理念包括以下两方面的内容：其一，必须把"以理想信念教育为核心的正确的世界观、人生观和价值观""以爱国主义教育为重点的弘扬和培育民族精神教育""以基本道德规范为基础的公民道德教育"三方面的教育基本内容与"以大学生全面发展为目标的素质教育"紧密联系起来，突出大学生全面发展的目标，帮助其树立新的德育观、教育观、质量观、成才观，把大学生培养成为有理想、有道德、有文化、有纪律的社会主义事业的合格建设者和接班人。其二，必须辩证地、客观地理解和看待大学生的全面发展，大学生全面发展是一个分阶段、分层次的动态发展过程，不同层次、不同类型的高校的大学生，其大学生全面发展的实现程度是一个相对值，是有差异的，不能用同一标准、同一尺度来衡量。

4. 反思性教学的教育理念

反思是教师教学认知活动的重要组成部分，它贯穿于教学过程的始终。教学反思是指教师为了实现有效教学，在教学反思倾向性的支持下，对已经发生的或正在发生的教学活动或这些活动背后的理论、假设进行积极、持续、周密、深入、自我调节性的思考，在思考过程中，能够发现、清晰表征所遇到的教学问题，并积极寻求多种方法来解决问题。

---

① 郑永廷：《学习十七大精神：推进高校思想政治教育研究与发展》，《思想理论教育导刊》2008 年第 2 期。

反思性教学是指教学主体借助行动研究，不断探究与解决自身和教学目的、教学工具等方面的问题，将"学会教学"（Learning how to teach）与"学会学习"（Learning how to learn）结合起来，努力提升教学实践合理性，使自己成为学习型教师的过程。具体来说：反思性教学是教师对自己教学行为的思考与研究，对自己在教学中存在的问题不断地进行回顾，运用教学标准中的要求不断地检验自己，追求的是教学全过程的合理性。反思型教师在学习教育理论、借鉴他人和拥有自己教育教学经验的基础上，为了保证教育教学的成功，达到预期的教育教学目标，能够以自身的观念与教育教学实践中出现的疑虑和困境为意识对象进行理性地审视、分析、判断和选择，积极、主动地计划、检查、评价、反馈、控制和调节教育教学的全过程，积极改进自己的教育教学行为，主动承担起专业化发展的责任和义务，促进自我自主发展，继而给予学生潜移默化的影响。

（二）培养过硬的政治和专业素质

1. 具备过硬的思想政治素质

邓小平指出，"学校应该永远把坚持正确的政治方向放在第一位"。习近平也强调，"高校要成为马克思主义学习、研究、宣传的重要阵地"。高校是引领社会思潮的重要力量，是培养社会主义事业接班人的重要场所，而思想政治教育专业则是高校中对于政治素质要求最高的专业，其具有鲜明的阶级性，是目的性较强的教学活动。坚持正确的政治方向，就是要坚持把马克思主义、毛泽东思想、邓小平理论、"三个代表"重要思想和科学发展观作为思想政治教育专业根本的指导思想，深入进行爱国主义、集体主义和社会主义的教育；坚持正确的政治方向，就是要对学生进行马克思主义唯物辩证法和历史辩证法的教育，让学生树立正确的世界观、人生观和价值观；坚持正确的政治方向，就是要培养坚持马克思主义、走中国特色社会主义道路、具有创新精神和实践能力的优秀人才。

坚定的政治信念和过硬的政治素质是对思想政治教育专业教师素质的核心要求。在紧密联系时代发展特征的前提下坚持对学生进行政治性的马克思主义理论教育，在高度关注学生身心成长特征与人格发展规律的基础上，努力强化对学生政治方向的指引并提高其政治生活参与意识，这是当前思政专业改革的重要价值倾向。思想政治教育专业的重要教育目标之一是提高学生的政治观念意识、政治信念和政治素质，而实现这一目标的必要前提是教师自身具备坚定的政治信念和过硬的政治素质。这就要求思想政治教育专业的教师除了掌握专业知识之外，还应该广泛研读政治理论专著，密切关注党中央的最新政策和时事政治动态，努力提升自身的政治理论素养以便指导自身的教育教学工作，要能够将潜藏于内心的富有时代性的科学的政治价值观念通过生动形象、易于接受的教学过程传播给学生，使教学内容在学生中得到内化并最终被付诸社会实践。

2. 具备扎实的知识结构及业务素质

社会不断发展，学生需求不断变化，我们只有不断更新我们的工作方式方法，才能够与时俱进，事半功倍。思想政治教育专业的教师只有单一的知识结构远远不够，工作实际要求其必须具备丰富的相关学科综合知识，以适应综合化、创新型的人才培养需求。思想政治教育专业相关课程具有很强的交叉性、渗透性和时代性，也要求教师具备丰富的知识储备，不仅包括精深的教育学、心理学、管理学、法学等学科知识，而且还包括丰富的自然科学、美学、艺术等专业知识。只有这样，才能更深入地掌握和驾驭教材，才能用知识间的融通性激发出学生探究学习的兴趣和愿望，才能使自己的教学内容更加丰富，更有说服力。多元化的知识结构及业务素质是工作得以顺利进行的重要条件。

3. 具备较高的教学与科研能力

思想政治教育专业的教师要深入研究马克思主义理论体系及其在当代发展的最新成果，研究中国化的马克思主义的最新理论与实践，不断丰富和充实思想政治教育课的教学内容，对于现实社会中的有关重大问题应尽可能地给学生一个有说服力的回答。在教学过程中，教师要善于在教材语言、教学语言和学生语言之间寻求平衡点，善于用生动形象的教学语言对教材上抽象的理论作出诠释，了解大学生的生活和思想实际，熟悉大学生的话语特点，缩小教学语言与学生语言之

间的距离，让理论更贴近社会、贴近生活、贴近学生，使学生真正领
悟到思想政治教育专业教学内容的科学性和实用性，不断提升思想政
治教育专业的针对性和实效性。

4. 具备高尚的人格素养

思想政治教育专业教师肩负着双重使命，既是专业知识的传播
者，又是学生坚定政治方向的培育者，因此，培养教师高尚的人格素
养不仅是教师职业素养发展的客观要求，更是思想政治教育专业发展
的迫切需要。教师人格素养是教师在从事教学工作时，其认知方式、
情绪特征、意志品质、心理素质和价值取向等的综合表现，具体表现
为创造性的认知方式、高尚的道德品质、正确的价值观、健康的心理
素质、稳定的情绪、乐观的心态、坚强的意志等。

高尚的人格素养对学生人格的形成具有导向作用。捷克教育家夸
美纽斯曾经说过，"教师的职务是以自己的榜样教育学生"。可见，教
师的身体力行对学生的成长和发展起着重大的感染和教育作用。教师
是学生在人生道路上除父母之外的又一个重要的引导者和领路人，教
师的人格素养直接影响着学生人格的形成和发展。教师必须把对学生
的人格影响和思想教育放在第一位，树立以学生发展为本的学生观，
尊重学生的主体人格，通过身体力行和严格要求使学生坚定正确的价
值观和高尚的人格品质。学生具有向师性，教师的情感态度和价值观
都会对学生的思想和行为产生潜移默化的重大影响。这就要求每位思
想政治教育专业教师，在努力培养自身健全的人格素质、严格要求自
己的同时，用自身正确的价值观念和高尚的人格影响和教育学生。

（三）运用灵活多样的教学方法和手段

教学工作能否取得实效，方法至关重要。方法得当，事半功倍；
方法不当，事倍功半，甚至是劳而无功。新形势下的思想政治教育专
业的理论课教育教学工作面临着许多新的挑战，教学方法和手段是影
响教育教学质量的最直接因素，提高思想政治教育专业的实效性，需
要我们从学生的思想实际出发，与时俱进，不断革新教学方法，采取
灵活多样的教学手段。

思想政治教育专业可以借鉴其他学科的教学方法，并根据自己学

科的需要，探索独特的教学方法，以讲授为主，辅以启发式教学法、案例教学法和多媒体技术等灵活多样的教学方法。

1. 由单向灌输向双向交流拓展

马克思主义理论和共产主义理想信念不可能完全依靠学生的实践去实现，必须通过适当的灌输方式加以引导，但过去我们在思想政治教育专业教学中过多地强调了全面灌输的方法，把学生当作一只容器，教师的作用就是不断地向这只"容器"进行灌输，使学生内心深处拒绝接受甚至产生了逆反心理，这在很大程度上影响了教育教学的效果。马克思主义理论体系中的基本概念、基本原理应以讲授法为主，因为学生的理论准备达不到可以完全自学的水平，教师应当把基本理论系统地、准确地传授给学生。但讲授的效果与教学内容是否满足学生的要求有很大关系，教师在讲授基本概念、基本原理时，必须了解学生的需求。并注意以下方面：第一，一般要求与特殊要求结合。学生对教师讲课内容的要求不尽相同，教师综合各种要求后确定一般要求即学生共同要求，这是教学的中心。这个一般要求就是掌握马克思主义理论的基本范畴、基本原理。另外，学生是受教育对象，人生观及知识体系正处在形成之中，教师的正确引导十分必要，对错误的思想倾向教师有责任给以正确引导。教师不能放弃自己教学主导者的地位，但主导不是灌输。第二，重点与全面结合。大学生理解能力较强，有些东西能够自学，教师要把教学中重点、难点在课堂上讲授给学生。要充分、合理地利用课堂上有限的时间，做到重点与全面相结合。让世界观、方法论的学问渗透到学生学习技术和专长上。对此，高校教师与中学教师相比要实现两个超越：首先，理论深度要超越中学水平。比如说辩证法、矛盾问题等中学已经接触到了，可以在深度上下功夫，侧重逻辑矛盾和辩证矛盾的区别及矛盾的客观性，引导学生在评价或做事时不要采取非此即彼的极端方式；其次，要广泛涉猎自然科学、社会科学、思维科学的新成果并把它们整合起来，开拓学生视野，超越中学视域。大学生毕业后要走上工作岗位，教师应有意识地就社会生活中典型的冲突以及评价、分析、解决之策与学生进行探讨，着重培养其分析解决实际问题的能力。

2. 由封闭式教育向启发式教育转变

传统教育方法的一个重要特征是"排斥与外部信息的横向交流"，随着时代的发展和社会的进步，现在的高等教育面临的已经是一个开放的世界，大学生是这个开放世界中具有多种自由性、主动性的个体或群体，他们的信息渠道四通八达，使大学生的思维方式发生了深刻变化，逐步由静态的、狭隘的、封闭的思维方式向动态的、系统的、开放的思维方式转变。面对这种情况，思想政治教育专业的教育者要解放思想，转变观念，从封闭的圈子里走出来，适时实现教育方法的转变，用启发式的教育取代传统的自我封闭式教育，增强教育的可接受性，让受教育对象形成正确的创造性思维和决策能力。

启发式教学方法的运用，肯定了学生是教学过程的重要因素，教师启发学生积极思考，可以达到事半功倍的效果。那么如何启？如何发？孔子说："不愤不启，不悱不发。"意即不到他苦苦思索而想不通时不去启发它，不到他想讲而讲不明白时不去开导他。中国教育思想讲究不困顿不开启，无困难不开导。开启的契机，是自然科学、社会科学、思维科学中令人困惑不解的现象，自然界中某些未解之谜、认识主体对同一事物产生不同认识的原因、世界各国社会制度的差异等都是设问开启的好题材。我们要涉猎自然科学、社会科学和思维科学的大量新成果，寻找开启学生困惑、引发学生兴趣的好材料。教师必须站在学术前沿，了解科学新成果，了解社会生活，敏锐地抓住好材料，为教学服务。同时，运用正面开启与反面讨论相结合的方法。哲学上有很多不结果实的花，唯心主义、形而上学和诡辩论（相对主义）就是反面讨论的好材料，如矛盾普遍性和特殊性的关系，问题从哪里来？一是哲学史上唯名论和唯实论的争论，公孙龙的"白马非马"论的迷雾，在理论上阐明唯心主义、形而上学和诡辩论（相对主义）错误的原因——割裂了事物之间和事物内部的辩证关系，没有深刻理解矛盾的客观性、普遍性；二是实践中教条主义和经验主义的危害。这些都是运用启发式教学增强课堂吸引力的方法。

3. 积极运用现代化的教学手段

在教师与学生之间，起中介和桥梁作用的是教学手段和方法。

教学手段不是独立于教学理念外、脱离教学方法的，它必须和教学理念、教学内容、教学方法紧密结合在一起。应用现代化的多媒体技术，可以强化教学效果，受到学生和教师的普遍欢迎。当代大学生崇尚创新，关注新技术，包括信息技术、网络技术等，而且非常希望尝试，希望能够运用新的技术手段来学习知识、运用知识、创新知识。所以必须在教学中改变"一支粉笔，一块黑板，一本教材，一讲半天"的状况，利用现有的教学技术，使教学手段"多样化""现代化"。多媒体技术在思想政治教育专业教学中显示出诸多优势，如信息显示的多媒体化、教学过程的交互性、教学信息传输的网络化等，其中最大的优势就是多媒体技术能集图、文、声、像于一体，信息容量增大，内容充实形象，可以大大增强课堂教学的生动性和吸引力。

随着电子、通信和信息处理技术的高度发展，大量的现代化教学媒体应运而生，有电视录像、幻灯、投影、计算机、多媒体、多功能教学基地等，而国内外大量历史图片、录像资料的公开，也为思想政治教育专业理论课教学提供了丰富生动的教学素材。在专业理论课教学中，恰当地运用现代化教学手段，提供给学生直观生动的历史镜头和图像资料，可以激发学生的学习兴趣，调动他们的学习积极性和主动性，提高学习效率；可以大大提高理论课的说服力，弥补传统教学方式中语言表达的说不清、道不尽的缺陷，起到提高教学质量和节省学时的双重效果。

4. 发挥显性教育方法和隐性教育方法的互补作用

显性教育方法和隐性教育方法是思想政治教育专业理论课程中一对相辅相成的教育方法，二者在不同的层面上构成实施方法的整体，彼此相互依存、相互联系、相互补充。显性教育方法可以分为多种类型，比较常用的主要有讲授教学法、讨论教学法、案例教学法等。隐性教育方法是相对于显性教育方法而言的，是受教育者无法明显感受到的一类教学方法，它伴随着正式教学而随机出现，能够对大学生知识、情感和行为等方面产生潜移默化的影响。"它可以是一次随机的聊天，可以是某种有目的设计的学习、工作环境，还可以是精心营造的心理环境或文化氛围等等"①。在促进大学生思想正确发展的过程中，显性教育方法和隐性教育方法犹如车之两轮。为此，我们必须树立两类方法各有其用，不可彼此取代，只能相互配合、相互促进的方法观念。一方面，坚持以显性教育方法为工作主体，占领主阵地，畅通主渠道，唱响主旋律，对社会意识进行鲜明的引导。另一方面，积极利用和创设隐性教育方法，将专业教育渗透到学生实践活动的各个方面，潜移默化地影响受教育者的思想观念，使两种方法的结合起到提高专业理论课程教学效率的效果。

5. 改进和完善考试方法

以往的高校思想政治理论课程考试一般都采用闭卷和笔试的方法，虽然以其形式统一、试题广泛的特点，对检测学生掌握知识的程度具有较好的作用，但可能导致应试教育、知行脱节等弊端，更为严重的是会压制学生的创造力。因此，应从这种单一化模式向多元化考试模式转化。首先，在坚持以笔试为主的前提下，与口试、小论文、答辩等多种方式相结合。这对于促进教学改革、提高教学质量、促进考风学风的好转具有一定的意义。其次，在考试方式上，实行开卷与闭卷相结合、期末考试与平时作业相结合的原则。命题形式以开放式的论述题为主，同时，适当将主客观命题方式相结合。要尽可能减轻学生的考试负担，摒弃死记硬背的应考方式，强调知识的内化。

考试内容多联系实际，重点考核学生对基本原理理解和把握的程度，以及运用原理解决实际问题的能力。考试以应用题、分析题为主，重点检查应用能力；辨析题重在考查学生运用基本理论对实际问题进行分析判断的能力；案例分析题要求学生在所学基本原理的基础上，对给出的案例进行分析、综合，广征博引，考查学生解决实际问题的能力；综合论述题则要求学生运用基本原理、基本观点分析、论证、阐述某一方面的实际问题，侧重对学生的运用能力、组织能力、论证能力、创新能力的全面综合考查。由于答案无法从教材或笔记上找到，而要在熟悉和理解的基础上，经过独立思考才能做出，那些

① 徐志宏：《思想理论教育教学论》，高等教育出版社2006年版，第240页。

平时不听讲、不参与，考前试图突击过关的学生，就会变得束手无策。

四 创新型师资队伍建设的探索与思考

高校创新型师资队伍建设是一个系统工程，必须根据时代发展要求、现实社会需要和高等教育改革发展的趋势，充分重视其成长的环境和制度的建设等诸方面因素，制定和形成切实可行的措施和途径。

（一） 坚持党管人才原则，合力推进创新型师资队伍建设

坚持党管人才原则，是高校人才培养工作努力的方向，为高校创新型人才成长提供了强大动力，是培养优秀人才的根本保证。要充分发挥党的政治优势和组织优势，调动社会各方面力量，形成工作合力，营造良好发展环境和文化氛围，在学校管理体制上更加注重体制和机制创新，把培养创新型师资队伍作为人才建设的核心与主体，始终放在学校工作中头等重要的位置。

（二） 加强创新型领导班子制度建设

只有具有创新精神的领导者和管理者，才会认真考虑本部门在创新型人才成长建设方面的贡献率，才会意识到这不仅是培养和使用人才的前提和基础，更是一种历史责任，能够为人才创新提供条件和支持，以示范和引导作用，呵护和激励每个人的创新精神。因而，首先在学校范围内要形成以创新为主体的鲜明办学理念，通过营造自由的学术氛围、实行民主管理、实现学术治校等措施来体现创新。其次，通过日常强有力的思想政治工作，发挥引导、激励、调适和教化等作用，健全人才的创新人格。同时，培养一批"慧眼识英雄"的学科带头人，并以尊重、理解、宽容和帮助等工作方式，为人才发展提供更为广阔的舞台，提出明确的目标和服务方向，从而激发人才创新精神的培养。

（三） 建立有利于创新型师资队伍成长的管理机制

为激发人才的创新潜力，学校管理中应遵循整体系统性原则、开

放创新原则和民主管理原则，建立一套有利于培养、开发人才创新能力的科学化、规范化制度。

1. 建立严格进人、有效考核及人才特区制度

首先，要在用人制度上严格把关，通过实行一系列的制度，如进人考察制度、公开招聘制度、同行评议制度等，宁缺毋滥地引进具有"潜质"的后备创新人才。同时，在引进人才过程中，认真学习引进人才的创新创业精神，并将这种精神融入本地人才队伍建设中，为我所用。其次，建立公平合理的多维多重考核激励机制，要体现出发展性原则、弹性原则、配套原则等。这就要求在实施过程中优化现有考核制度，如将年度考核改为聘期考核、个人考核改为梯队考核，实行360度全方位考核（包括团队建设、学科建设、人才培养、同行中的影响力、社会服务等）、年度报告等，采用动态管理，促进创新型师资队伍的快速发展。同时，学校也应该制定形式多样、积极有效的激励政策，如建立"创新基金"机制、"跟踪"机制、"经费滚动"机制等，不仅能激励人才，又能避免不必要的浪费，从而调动人才的积极性，提升人才创新素质，最终实现创新型师资队伍的建设目标。最后，还须建立人才特区制度。没有长期的积累不可能有创新成果出现，因此对于那些有"潜力"的人才要采取特殊政策，如在职务晋升上不搞论资排辈，设立直通车等，对"优质苗子"要舍得投资和呵护，让人才在特区环境中茁壮成长，真正有利于人才创新能力的提高，从而达到培养创新型人才的目的。

2. 完善创新能力的评价激励制度

评价制度对大学教师创新能力的发展具有导向和激励作用，国家和政府需要建立科学、合理的评价制度，推动大学教师积极参与创新活动，不断提高创新能力的水平。实现这一目标应该从以下几个方面着手：第一，观念上树立"教师为本"的思想，把促进大学教师创新能力的发展作为评价的主旨。这要求尊重教师的主体地位和追求真理的学术权利，建立由专家、管理者、教师共同组成的相对独立的教学创新、科研创新评价组织；让教师参与到评价的过程中，充分行使在评价目标、内容制定中的发言权，体现教师们的创新诉求；评价后的

信息不仅供管理者制定策略、实施管理参考，还要反馈给高校教师，为他们发现问题、提高创新水平提供参考。第二，评价标准设计的多样化。根据教学、科研创新活动的不同特点，分别制定教学创新评价标准、科研创新评价标准；增加评价标准中对创新过程评判的权重，对教学创新进行评价时，注重将教学方法、教学内容的创新与创新人才的培养相结合，而科研创新的标准除了论文、专著、专利、成果鉴定、技术转让等创新成果的基本形式，科技奖励，论文专著被引、被索、被摘等反映创新成果质量的指标外，还包括课题经费和课题进度等创新成果产出的基本保障。第三，在评价方法上，注重定量和定性相结合。我国高校现行的评价方法主要有成果计数法、文献计量法和同行评价法等。这些方法具有不同的优缺点。成果计数法、文献计量法便于计算测量，但是过分强调会导致评价重视创新成果的数量而忽视成果的质量、级别。同行评价法由于同行专家了解研究的水平和价值，弥补了定量评价方法的缺陷，理论上是完美的，但是实际上它也存在一些操作上的问题。比如，评价主观性比较强，"人情观"会导致同行评价法学术腐败现象的出现。因此，如何有效实行同行评价法成了一个值得研究的问题。北大张维迎教授认为，学术的同行评价从行政管理角度讲最重要的是尽量做到程序公正[1]。利用定量评价的合理之处，我们可以根据评价对象的具体情况，形成以同行专家评价为主、定量评价方法为辅，程序公正的评价方法。建议随机选择专家组成专家组，遵循"盲审"原则对学术成果进行评判。

在评价的基础上，国家还要不断改革创新的奖励制度，以此完善评价激励制度。国家应该平等对待科研创新成果和教学创新成果，增加教学创新奖项的设置，加大对教学创新人才的奖励，而奖金数额的确定应该建立在创新成果的学术、社会价值和高校教师对创新成果付出的劳动量的基础上，使高校教师在教学、科研活动中付出的劳动，能换得数额相当的创新奖金。

---

[1] 龚放：《现代大学制度创新的"应为"与"可为"——一流大学建设的题中应有之义》，《高等教育研究》2006年第7期。

3. 建立再学习机制

重视人才的继续教育，是提高人才创新素质的基本途径之一。首先，要构建制度化、系统性、实效性培训体系，体现出"分层要求、分类推进、多种形式、多方结合"特点，如考虑建立首聘合同中的上岗培训制度等。其次，通过鼓励"走出去"，利用多种途径将优秀的青年人才送到国内外著名大学、科研机构重点培养，鼓励和支持优秀青年人才参与高水平的学术交流活动，不但学习学术前沿知识，更可以提升创新能力，是培养具有竞争力的创新人才队伍的有效途径。同时，在一些基础研究领域实行"学科交叉"培训学习机制，拓展人才的学科思维，开阔研究视野，允许不同学术观点、学术思想、学术风格的共生共存，可以促进学术创新，产生交叉性研究成果。

4. 建立"学术自由"制度

"学术自由"制度是人才进行创新和创造的催化剂，是创新型师资队伍成长的沃土。首先，学术自由提倡的是"实事求是地用科学态度观察和认识复杂的世界，以敢于怀疑的学习态度去对待"的批判精神，培养创新型人才的"怀疑气质"。其次，学术自由意味着宽容。创新不是灵机一动，而是漫长而艰苦的过程。没有宽容，创新的萌芽都会被扼杀在"沉默是金"之中。允许失败，才能催生更多的成功者，才能鼓励人才大胆走上创新的道路。也只有在这种宽容失败的环境中，人才才能潜心钻研，毫无后顾之忧。最后，学术自由促进竞争和合作。营造学术自由的氛围才能使每个人在宽容、开明、自由的氛围中互相取长补短，在合作基础上友好竞争，让每个人在不断超越他人的同时超越自身的局限，最终达到"整体功能大于局部功能之和"。

5. 搭建创新平台，建设创新团队

当代重大科学成果的产生，越来越需要多学科交叉领域的专家组成团队，合作攻关。搭建不同类型的创新平台，不同类型的创新，不仅能推出一批优秀成果，同时还能培育造就一批高水平、高素质的创新型师资队伍，是提高人才培养质量和提升高校创新能力的关键。为此，一方面应加大对平台、团队建设力度；另一方面要通过各种政策鼓励人才投入到科研第一线，完善科技创新平台的体

制机制建设，将高校中科研力量分散、不易形成合力、规模化研究团队组织困难、团队可持续发展困难等问题解决好。这是激发创造性、培养创新精神的重要条件。

6. 完善知识产权保护制度

完善知识产权保护制度需要政府和高校双管齐下，共同促进大学教师创新能力的发展。首先，政府要不断完善高校知识产权保护的法律环境。修正现行法律中关于高校知识产权处理的条款，根据不断变化的现实情况，补充高校知识产权犯罪的新内容，杜绝利用法律的漏洞钻空子的行为；加大执法力度，建立知识产权行政执法与司法的有效衔接、移送制度，加强高校知识产权执法保护体系的作用，以此震慑犯罪分子，打击侵犯高校知识产权的行为。其次，高校应组织知识产权法律、法规的教育和培训活动，开展知识产权课程教学和研究工作，使高校教师都树立起强烈的知识产权意识，尊重和保护他人的知识产权，提高自身知识产权的保护和管理能力。最后，高校要建立和完善知识产权管理体系，把涉及知识产权的学校部门分为科研、校产办和图书出版三个部门，按照知识产权的管理范围分别实施管理。这些部门应该既具有校内知识产权管理的任务，又有对外进行产权申报、评估、处理产权纠纷的法律诉讼的职能。

（四）创新型师资队伍建设路径

1. 明确建设指标，提高师资队伍建设的成效

创新型师资队伍从结构上可以认为是由队伍建设、机制建设、环境建设三个维度构成的组合体，每个维度下包含多个要素，如队伍建设的质量与效能、规模与结构、特色与活力，机制建设的考核与评价、激励与分配、流动与退出机制以及环境建设的软环境和硬环境等，都是这个系统里的要素。在研究高校人才队伍建设的时候，就要研究这些要素间的协同关系，从而在政策、制度上把多种力量汇集成一个合力，有效促进学校创新型师资队伍建设，培养创新型人才。结合创新型高校办学发展战略目标及思想政治教育专业特点进行凝练和梳理，形成的创新型师资队伍建设指标可以由规模与结构、质量与效能、特色与活力三个子模块组成，每个子模块下

设若干个一级指标和二级指标。为突出建设重点，彰显特色，可选取若干指标作为核心指标来建设（见表7－1）。

表7－1　创新型师资队伍建设指标体系

模块	一级指标	二级指标
规模与结构	专任教师规模	师生比
		☆专任教师数
	学历结构	☆博士比例
	职称结构	正高级比例
		副高级比例
	年龄结构	31—40周岁专任教师比例
		41—50周岁专任教师比例
	学缘结构	☆"985"、"211"院校博士比例
质量与效能	高端人才（团队）	☆拔尖人才数量（指国家级人才）
		☆一级梯队人才数量（省部级及以上）
	学术能力	生产力（人均教学研究成果、投入产出比）
		省级以上学术机构任职人数
特色与活力	开放性	参加国内外会议人次
		☆访问学者人数（双向）
		具有企事业工作背景的教师数
		兼职教授数（客座教授数）
	国际性	☆海外学历人数（硕士、博士）
		☆出国进修教师数（6个月以上）
		外籍教师数
	流动性	流动速率［（新进教师数＋离开、退休教师数）÷专任教师数］

注：☆为创新型师资队伍建设的核心指标[1]。

2. 着力机制建设，创造师资队伍建设的新格局

把完善和创新人才人事工作机制作为高校创新型师资队伍建设的

---

[1]　徐华军：《高校创新型师资队伍建设初探》，《中国成人教育》2012年第12期。

关键点，重点是建立三大人才人事工作机制。一是建立以"业绩质量、价值创新"为导向的考核与评价机制。考核评价更加强调重质量、重长远、重创新，积极探索团队聘岗和团队考核，试行弹性聘期、柔性考核等制度，研究师德的考核指标。突出"区别对待、分类评价"原则，探索学术靠同行评价、管理靠同事评价、教学靠同学评价的科学评价体系。二是建立以"多劳多得、优劳优酬"为导向的激励与分配机制。利用高校岗位设置管理与聘任、绩效工资改革等契机，综合考虑保健和激励因素，创新薪酬管理制度，建立公平合理的薪酬体系，探索"项目工资制""协议工资制"，实行当期激励与长效激励相结合的激励机制，奖励性绩效的分配要重点向优秀拔尖人才和高水平的创新型人才和团队倾斜，积极鼓励教师追求卓越，拒绝平庸。三是建立以"优化资源、增强活力"为导向的流动与退出机制。通过有效的岗位管理方式，创新用人理念，逐步建立起"岗位能上能下，绩效能高能低，人员能进能出"的人力资源配置机制；积极推行校院二级管理，核编管理、岗位管理、机构大部制改革，加强"专职科研人员、科研助理"的队伍建设，探索"人事代理"，完善"人才交流中心"等用人方式，以及管理职员制等多向互通的用人制度，进一步有效激活高校人力资源自由配置机制，为高校创新型师资队伍的建设留出更多的空间，提供更好的服务。

3. 加强环境建设，实现师资队伍建设的新突破

优秀的生态环境吸引了优秀的人才，培养了优秀的人才，也为人才改造环境创造了更好的条件。人才和其生存的环境存在着相互制约和相互促进的关系。从功能来看，创新型师资队伍建设的生态环境可分为硬环境和软环境，硬环境泛指构成人才生态环境的所有有形实体硬件条件，软环境泛指人才生态环境中一切无形的因素。具体到思想政治教育专业创新型师资队伍建设，则包括为人才提供的工作环境、生活条件、工资待遇等物质方面的硬环境和学校的文化传统、创新意识、学术氛围、人文环境、创新体制机制等趋向精神层面的软环境。在创新型师资队伍建设过程中，要把培育和谐的人才生态环境作为人才人事工作的重要突破点。主要包括以下五个方面：一是建立"投入

优先、保障有力"的硬件环境；二是建立"恪守规范、严谨笃实、鼓励创新、宽松自由"的学术环境；三是建立"开放包容、团结协作、风清气正、忠诚敬业"的人文环境；四是建立"待遇适当、无后顾之忧"的生活环境；五是建立"大师、大爱、大雅"的和谐环境。通过良好的人才生态环境建设来实现人才与环境的协同发展。

第八章　建立科学的课程体系

课程是一个专业基本构成要素之一，直接关乎专业人才的知识体系结构、基本专业素质和能力养成。课程设置既是高校实现其人才培养目标的根本保证，又是实现专业人才培养目标的中心环节。一个专业水平的高低，直接取决于课程水平的高低，以及课程是否具有良好的结构[①]。如果说明确培养目标解决的是"到底培养什么样的人才"的难题，那么课程设置就是解决"如何培养人才"这一问题的关键，是实现人才培养目标的重要载体和途径，直接影响人才培养质量。

高等教育的根本任务是培养高素质的人才。人才培养并非由一门门孤立的课程简单堆砌而成，而是以一定的理念做指导，由课程有机结合形成的具有系统性的课程体系来实现的。课程体系是一个专业学科所设置的课程相互分工和相互联系的体系，是否科学合理关系到学生的知识结构、能力结构和综合素质。因此，课程体系是人才培养模式中的关键环节，是学生潜质形成的决定性因素，也是教学改革的重点和难点。

无论什么样的教育改革，其核心都是课程改革。课程是教师教和学生学的共同依据，是教学活动的中心、教育目标的载体，是教师在教学过程中有目的、有计划地向学生传播知识和经验的总和。同时，由于学校的课程是依据社会对人才的知识结构的要求及学生对知识的需求而设计的，而人才的规格、质量又主要是由学生在校所学的知识及其结构状况所决定的，课程结构是否整体优化，在很大程度上决定着学生的知识结构和智力发展状况，规定着人才培养的规格和质量，

---

① 张楚廷:《高等教育学导论》，人民出版社 2010 年版，第 290 页。

是培养合格人才的重要保证。所以，课程改革的关键往往就在于建立科学的课程结构体系。通过对思想政治教育专业课程结构各个要素及其相互关系的研究，形成优化的课程体系，保障有效的课程实施，最终帮助专业培养目标的实现。

一　课程设置符合社会发展需求

（一）当前思想政治教育专业课程体系存在的问题

经过 30 多年的教育办学实践，思想政治教育专业以培养具有较高的政治素质、道德素养和马克思主义理论素养，具备哲学、法学、政治学、教育学、伦理学、管理学等多学科基本理论知识，具有扎实的学科专业基础和开拓创新精神以及较强实践能力，能够胜任中学思想政治教育教学和教学研究工作以及党政机关、企事业单位政治思想教育管理职位的专业人才为目标，不仅为我国各条战线培养了大批经过专业训练并具有较高政治、业务素养的专业人才，充实了思想政治工作和社会主义精神文明建设工作者的队伍，而且在继承党的优良思想政治工作传统的基础上，促进了思想政治工作的科学化、现代化。思想政治教育专业目前已经是全国高校设置最多的专业之一，已有230 多所高校招收该专业本科生，其课程设置不断发展，逐步规范。根据 2012 年《普通高等学校本科专业目录和专业介绍》，该专业的主干学科有马克思主义理论、政治学、教育学，核心课程有思想政治教育学原理与方法、科学社会主义、政治经济学、马克思主义哲学、中国哲学史、西方哲学史、心理学、伦理学、教育学、中国共产党思想政治教育史等①。有学者综合 1993 年国家教委《关于高等学校思想政治教育专业办学的意见》和 2012 年的《普通高等学校本科专业目录和专业介绍》，将思想政治教育专业核心课程归纳为 19 门，即马克思

---

① 中华人民共和国教育部高等教育司：《普通高等学校本科专业目录和专业介绍》，高等教育出版社 2012 年版，第 73、74 页。

主义哲学等必修基础课程 13 门，马克思主义思想政治教育著作选读等专业课程 6 门①。

　　然而，当前很多高校的思想政治教育专业本科人才培养方案，特别是课程设计，还存在着一些不容忽视的问题。有学者认为，"实际上，就目前我国思想政治教育学科和专业的实际情况看，各地各校思想政治教育专业开设的课程并不规范，不仅广泛存在着因人设课、因岗设课的情况，甚至也有随意开设或者不结设某些课程的情况。这不仅与增设马克思主义理论一级学科的精神和要求不相符合，而且也滞后于中学新课改和新课标精神"②。目前，思想政治教育专业在本科课程设计方面存在以下问题。

1. 从纵向结构来看

　　思想政治教育专业现行的"普通基础课程—学科专业课程—教育类课程"的课程组织结构基本上是以知识本身为依托而形成的，三类课程的内容和结构比例不当。第一，普通基础课程内容狭窄，比例偏低。思想政策教育专业通识教育课程主要包括马克思主义政治理论、体育、外语、计算机等，占课程总量的 20% 左右，与本专业的学科专业课程有所重复，限制了综合文理科课程的开设，与国外文理渗透，文科学理、理科学文的做法呈鲜明对比，这类课程无论在内容还是总量上都存在人文性不足、基础性过窄的问题，直接导致学生文化素质低、见识少、思维狭窄。

　　第二，学科专业课程专业面宽、分科过细、比重过高。思政专业学科专业课程有向综合大学看齐的倾向，所占总学时的比例高达 60% 左右。同时，专业面宽，一般包含了八大学科门类的课程，课程体系庞杂而松散，缺乏应有的系统性和连贯性，有些学校实际开设课程已达 50 门，专业知识要求高，与中小学实际脱节，造成学生适应性不强，毕业生能胜任两门以上学科教学的很少，能教好学校综合课程的

---

　　① 佘双好、邢鹏飞：《关于思想政治教育专业建设和人才培养的综合研究》，《思想政治教育研究》2014 年第 6 期。

　　② 宇文利：《现代思想政治教育课程论》，北京大学出版社 2012 年版。

不多。

第三，教育类课程类型单一，脱离教学实际。思政专业教育类课程只有3—4门，包括教育实习在内比例也只占到整个课程计划的7%—10%，并且几乎都是必修课，教育类课程选修课极少，甚至没有，总是被置于专业学科课程的"边缘"地位或从属地位，得不到应有重视。而发达国家的比例为16%—33%，一般在20%—25%。美国教育类课程占总学时的11%，学生在大三的时候可提出申请到地方学区实习，包括制定每日计划和长期计划、授课、评定成绩等常规教学工作；英国教育课程和教育实习占总学时的25%，另有13—18周的教育实习；德国教育课程占总学时33.3%，并且两个阶段的实习时间累计达到两年多。课程内容陈旧落后，缺乏严密的逻辑体系和独立的内容构成，缺乏理论与实际、学科知识与教育知识的紧密联系和相互融合，以致与中小学政治教学严重脱节；教育实践环节薄弱，思政专业的教育实践仅设教育见习、实习。各师范院校的实践课时多少不等，一般是4—10周。实践课时安排得过少，课时安排得过于集中，导致教育实习时间太短且形式主义严重，忽视教学基本技能训练和个人实践知识积累。

2. 从横向结构来看

课程的类型结构具体体现为：第一，必修课程多、选修课程少。思想政治教育专业的选修课程建设比较落后，必修课较多，占总学分的70%—80%。课程修读限制人，使教师培养缺乏灵活性与自由度，无法对中等教育的变化与发展做出灵敏快速的反应，忽视了学生个性的发展和特长的培养。

第二，分科课程多、综合课程少。思政专业的课程安排细而繁，分科课程占据着主导地位，那些传统学科的交叉点或叠合处往往被忽视，也使得课程系统庞大而繁杂，学生不能树立科学的整合知识观，也不能形成整合的知识结构，在当前科学发展日益综合化趋势下，这无疑不利于学生长远的发展。

第三，理论课程多、实践课程少。虽然思想政治教育专业开设了教育实习和现代教育技术之类的课程，操作性稍有体现，但是与实质意义上的实践课程还有相当大的差距，使学生不能通过深入的切身感受教育实践而逐步形成师范生的教师基本技能、职业情感和职业责任感，以及专业信念，也不能体现思想政治教育是一种以人自身为对象的独立的实践活动、一种促进人全面发展的实践活动、一种超越性的实践活动的本质特征。

第四，信息技术类、方法类课程在课程体系中所占比重不足。这是多数文科专业普遍存在的问题，思想政治教育专业也不例外。从课程开设现状和一线青年政治教师的反馈信息来看，教学方法方面知识的欠缺，选择信息、处理信息能力的低下与轻视科学的教育、学习方法论的教学，轻视现代信息技术的教学有很大关系，这无疑不利于学生进行终身学习，也无法适应当今世界经济科技竞争的需要。

从根本上讲，课程价值作为反映课程能否满足社会、个人以及创新型人才培养的需要的概念，没有能够在现有的课程结构中得到充分体现。解决课程设置的诸多问题，要求我们重新研究思想政治教育专业课程结构，制定科学的课程结构体系。

（二）构建符合社会发展需求的课程内容体系

"每一门课程都有自身特定的教学内容，教材是对教学内容的基本规范。但是，对于一门课程的改革和建设，绝不是只限于编写出一本高质量的教材，课程改革和建设的实质是要根据理论与实践的发展，对教学内容不断创新，使课程不断发展和完善"[1]。教材内容的滞后是符合实际规律的，但是教师的教学内容滞后于理论的发展却是不符合教学规律的。因此，需要在遵循教学基本规范的基础上，不断研究和加工教学内容，把握理论研究的前沿和发展的最新成果，构建符合社会发展需求的课程内容体系。

1. 以体现现代教育思想为前提

教育现代化是当今世界教育改革与发展的主旋律，而要实现教育

---

[1] 顾海良、佘双好：《高校思想政治理论课程教学改革研究》，武汉大学出版社 2006 年版，第 313 页。

现代化，首先必须转变思想观念，树立满足现代化要求的教育思想观念①。教育的一切改革均由此开始，思想政治教育专业课程体系改革也不例外。因此，课程体系的改革与优化需从以下几个方面出发：一是从高等教育国际化的趋势出发，构建能够不断吸收国外人文社会科学研究新成果的开放性课程；二是从教育终身化的实际出发，构建有利于学生未来发展的创造性课程；三是从适应社会主义现代化建设需要出发，加强应用性课程；四是从人的现代素质高标准要求出发，构建融知识、能力、素质为一体，以提高素质为最终目的的课程；五是从课程设置的科学性出发，构建课程名称相对稳定而课程内容不断更新的主干课程体系；六是从人才培养模式出发，在加强必修课程的前提下，重视选修课程的设置，逐步形成人才培养多样化的格局。

2. 以整体优化为原则

现代科学技术的发展使学科在高度分化的同时也高度综合化，且以综合化和整体化为主导趋向。在学科知识综合化与整体化的过程中，学科之间的界限逐步消失，大量的边缘学科、交叉学科和横向学科等具有综合性质的新兴学科不断地涌现，学科间的有机联系日益加强②。它规制高等教育课程体系改革，强调"宽口径、厚基础"的素质教育和人才培养的多样性。要求应用型大学在保证人才培养的课程体系的完整性与实际效用的前提下，通过渐进分化形成的自组织课程和课程群实现大学课程体系的殊途同归，以实现应用型大学的人才培养目标。思想政治教育专业涉及哲学、经济学、法学、政治学、社会学、历史学、教育学、管理学等多个一级学科，这是其他专业所不具备的。因此，在课程设置上要考虑多学科特点，注意各门课程之间的区别和联系，做到多学科的融会贯通。

3. 以社会需求为导向

高等教育的根本任务是培养人才，为经济建设和社会发展提供强大的智力支持。就专业内涵而言，思想政治教育专业以系统学习哲学

---

① ［日］佐藤学：《课程与教师》，钟启泉译，教育科学出版社2003年版，第32页。
② ［美］多尔：《后现代课程观》，王红宇译，教育科学出版社2000年版，第213页。

社会科学理论为主要内容，以增强大学生人文素养、提高大学生道德品性及政治自觉为价值取向，以培养初高中思想政治课专职教师为主导，以向高校、研究机构、政府机关、相关企业和社区输送优秀的教学科研人员、党务管理人员、思想政治工作者为辅助方向，同时为经济社会发展提供思想理论支持，培育服务于中国特色社会主义现代化建设的高级专门型人才和应用型人才。思想政治教育专业还必须以社会需求为导向改革人才培养模式，适时调整课程体系，通过加强自身优势和特色学科建设，促进人才资源与地方经济社会协调发展，实现专业发展、学生就业与地方经济社会发展的共赢，为思想政治教育专业赢得广阔的发展前景。

4. 以学生的主体发展为目标

"课程"（Curriculum）一词由拉丁语古罗马战车竞赛中的"curre-re"（跑道）派生而来，其后引申出"人生阅历"的含义。由此可看出，课程的实际效用在于控制人的发展方向，它决定着一定的教育目标和教育价值观并受其制约①。因此，思想政治教育专业课程设置在考虑社会需要本位的同时，还应着眼于个人本位的实现，使其既能适应社会发展的需求，又能够促进个人发展。在以往的思想政治课程体系中，课程设置过多地把学科知识体系作为主要或唯一的根据，较少兼顾学生发展的需求。这种学科知识中心论使得课程体系呈现学科课程尽可能完整、理论阐述尽可能详尽、思想观点尽可能统一、结构尽可能严密、教材尽可能规范的状态，但缺少灵活性、特殊性，人才培养呈现千人一面。学生主体发展包含多个发展维度，如特色发展维度、全面发展维度、协调发展维度、能动发展维度、可持续发展维度、健康发展维度等，因此，构建思想政治教育专业课程体系，应围绕创新型人才培养的主体进行，对课程的整体功能做周密的考量与科学的、前瞻性的设计，力求最大限度地在社会、学生、专业之间实现互动与协调。

---

① 戴尔蒙德：《课程与课程体系的设计和评价实用指南》，黄小苹译，浙江大学出版社 2006 年版，第 38 页。

二 人才培养方案中的课程调整与改革

（一）调整与改革的方向

设置科学合理的课程体系，至少要考虑三个前提性问题：其一，专业人才培养目标；其二，学科和专业的关系；其三，一定历史阶段课程设置和人才培养的基本理念。因此，明确思想政治教育专业本科人才培养目标，正确处理思想政治教育专业和思想政治教育学科的关系，结合先进的课程设计理念，才能制定出科学的课程计划。

1. 思想政治教育专业的人才培养目标

思想政治教育专业应坚持马克思主义的指导，以高等教育人才培养目标为基础，培养具有思想政治教育学科意识、思想政治教育专业素质和能力的中国特色社会主义事业建设者和接班人。在人才培养实践中，综合各高校思想政治教育专业本科生培养方案可以发现，目前思想政治教育专业本科的人才培养目标主要有以下几个：中学政治课教师，高校思想政治理论课教师、辅导员，思想政治教育科研工作者；党政机关企事业单位思想政治教育宣传和管理工作者。显然，这些目标较之学科初建时专门培养政工干部的目标有了更开阔的视野，毕业生有了更广泛的就业选择。出口的多样必然需要不同的理论基础和方法技能的支持，意味着课程设计要在夯实专业基础的前提下，进行分类培养，在使学生达到专业培养基本规格与要求的同时，充分尊重和促进学生的个性化发展，培养其职业能力和素质。

事实上，关于培养目标的确定，还有一些值得注意的问题，即：目前我们对于思想政治教育专业人才培养目标和规格的预设是否符合党和国家设立思想政治教育专业的初衷？与思想政治教育专业本身应有的地位、任务、价值和功能是否匹配？思想政治教育不仅是"研究人的思想品德形成发展规律和对人们进行思想政治教育的学科"，还是中国共产党"治党治国的科学"。要逐步形成一种观念：思想政治工作和党员教育工作是一门科学，是一门治党、治国的科学，在这个岗位上的几百万干部要努力钻研这个专业，造就大批思想政治工作专家，去完成新时期赋予我们的任务①。思想政治工作的生命线地位也决定了思想政治教育专业应该有更高远的培养目标，应自觉培养学生的领导能力和管理才能，给予其更多实践锻炼的机会和平台，培养其更全面的素质和能力，为其成长为治党治国的专家，成为思想家、政治家和教育家打下基础。一段时间以来，思想政治教育专业人才培养主要集中于中等以上学校教师和科研人员的培养，忽略了对治党治国人才的培养，在课程设计上也就忽视了提高领导力的课程设置。这是思想政治教育专业课程体系建设过程中需要思考和解决的问题。

2. 厘清专业和学科的关系

学科和专业既有联系又有区别，厘清专业和学科的关系，有利于解决课程的厚基础和精专业问题。"学科"是特定领域客观规律性理论形态的集中体现，是一种知识体系、理论体系；"专业"是为培养人才设置的教学实体，是一种教学体制、教学机构。一个专业可以依托某一学科，也可以是跨学科的，专业的设置可以根据社会对人才的需求适时调整。因此，一个专业并不是都能与某一学科相提并论、混为一谈的②。作为人才培养和开展教学的实体机构的思想政治教育专业与作为知识和理论体系的思想政治教育学科既相互区别，又密切相关。一方面，思想政治教育专业以思想政治教育学科理论体系为基础和指导，以学科体系为支撑，凸显专业化特色；另一方面，思想政治教育专业要实现人才培养基础厚实、出口多样的目标，其课程体系设计又不能完全囿于某个学科体系，要突破思想政治教育学科体系，与其他相关学科知识体系和方法协同，实现跨学科的知识基础建构。二者相互融通和支撑的关系表现在本科课程设置上就是：思想政治教育专业的核心课程既不能囿于思想政治教育二级学科，也不能囿于马克思主义理论一级学科，还应包括政治学、教育学、哲学、心理学等相

---

① 宋任穷：《用新党章教育党员，为整党做好思想准备》，《红旗》1982 年第 24 期。
② 徐文良：《难忘的历程——高等学校思想政治教育的回顾与思考》，吉林人民出版社 2008 年版，第 428—429 页。

关学科的基础课程。但一些学者和学生不清楚专业建设与学科建设的关系，对于专业课程设置存在非议和质疑。可见，明确学科和专业的关系，有助于帮助学生提高学科意识，理解专业课程设置的目的和依据。

3. 课程结构要"多维立体"

将思想政治教育专业人才培养的目标、就业方向与思想政治教育专业的课程结构直接联系起来，思考课程在满足人的需求、实现人的发展等问题上的价值。思想政治教育专业的培养目标包括以下几方面内容：必须具有坚定的马克思主义政治信仰与政治方向，拥有宽厚的文化底蕴、丰富的知识背景以及良好的审美情趣，具有健全的人格、民主平等的作风，从而能游刃有余地解决理论知识问题和思想实际问题，帮助学生形成正确的世界观、人生观；具有扎实的马克思主义基本理论、毛泽东思想、邓小平理论等专业知识，能够以理论回答实践的问题，指导实践；具有全面的教育科学素质，掌握教育教学规律与基本教学技能；具有教育科学科研意识和科研精神，以及从事教育、研究、管理的能力。思想政治教育专业课程结构的优化必须在上述目标下，营造思想教育能力生成的环境，突出思想政治教育与生活、情感以及社会文化和科学的密切联系。整合、精简学科专业课程，同时调整选修课程与实践课程比例，增设综合课程，形成课程形式结构上的多维多向，拓宽专业口径，加厚专业基础，增强专业能力，从外部表现上对课程实质结构进行诠释。情感课程、知识课程、实践课程与教研课程这四门课程相互联系、相互配合，形成完整的实质性立体课程结构，分别从知识、能力、道德、研究方面培养学生的理论水平、实践能力、道德修养、创新思维，使思想政治教育专业学生的专业信念、专业道德、专业知识和专业技能得到全面提高，最终满足社会发展的需求。

（二）调整与改革的原则

课程结构虽属人为结构，但它绝不是随意拼凑出来的。思想政治教育专业课程结构中要素的收集与确定，要素间的相互比例与组织关系的调整，绝非是一个简单加减和人为组织过程，其变化必须遵循一定规律，依照一定的原则。

1. 主体性原则

思想政治教育从本质上说是以人自身为对象，促进人自身全面发展的、具有超越性的独立实践活动。这从根本上要求我们要把人作为思想政治教育的中心、出发点和落脚点，在价值理念、教育内容上始终贯彻"以人为本"的理念；要尊重和培养人的主体性，通过教育实践活动，促进人在能动性、自主性和创造性方面的发展；要引导和推动人的全面持续发展，不仅要使人的需要、劳动、能力、社会关系以及个性等各方面素质得到发展，还要使人在人生的各个阶段上有针对性地积极参与终身学习，学会自我学习、自我发展。这些思想应该始终贯穿在课程结构的优化过程中。

2. 个性化原则

未来社会需要的是富有创意的、个性化的产品，因而也呼唤具有个性的人才。就一个专业而言，主要是体现出专业特色，以一种超前意识与宽阔胸怀去审视未来社会现代化教育的发展之路与相应的人才需求，确保学生形成坚定的政治方向的同时，帮助学生确立与现代化社会相适应的伦理价值和美学价值，形成对他人、对社会、对自己的态度、行为和生活方式。并在此基础上考虑学生的不同个性，通过课程难易分层和组织不同方向的课程模块，照顾不同层次和不同兴趣的学生。

3. 整体性原则

思想政治教育专业关涉诸多学科的特点，使其常常给人以专业大拼盘的错觉。其实，思政专业有其内在的学科要求以及相应的课程系统性规定，其课程优化必须从学科自身的整体性、系统性、科学性出发，从不同课程之间的关联性结构去把握，依据一定标准而形成系统化、专业化且具有彼此关联关系的、体现内在逻辑性的、若干分支课程构成的课程群。既不要盲目跟风，又要杜绝一些课程的空置，保持整体和谐。

4. 开放性原则

思想政治教育专业课程体系的优化还必须呈开放的态势。一是向实践开放，寻求理论与实践相结合，关注思想政治教育的实践需求，关注本专业学生自身成才的一般需求，关注中学生对思想政治教育的现实渴求；二是向其他学科开放，思政专业的课程与改革应当自觉地将自己置身于整个人类科学文化的大背景下寻找自身理论的支点与依据，使自身学科与其他学科之间保有对话和交流的渠道与桥梁，达到不断完善自身学科课程设置的目的；三是向国外开放，在不同国家与地区之间寻求类似课程优化的共同性特征，批判吸收成功经验；四是向未来开放，给学生未来工作提供可拓展的知识空间，为学生向教师专业发展奠定坚实的基础。

（三）调整与改革的方案

为适应经济社会发展的需要，思想政治教育专业人才培养目标的课程设置要注重系统性、整体性和科学性，从学生知识、能力、素质协调发展和综合提高出发，深化教学内容和课程体系改革，以体现通识教育与通才教育、科学教育与人文教育、基础教育与专业教育、理论教育与实践教育等的多维统一。

1. 公共课模块与学生全面发展能力的拓展

公共基础课是课程体系建设的重点，应有相对稳定的教学内容，主要包括科学人文素质课程与职业基础能力课程。科学人文素质课程包括：中国传统文化概论、世界文明史、专业导论、美学与美育、自然科学概论、公共艺术概论、健康与心理教育、大学体育、军事理论与军事训练、形势与政策等课程。这些课程有利于培养大学生的科学精神和人文精神、健康的情感和良好的道德风尚，提高他们对美的感受力、鉴赏力、表现力和创造力，有利于开阔视野、拓展思维，使身心获得全面和谐的发展。职业基础能力课程包括教育学、心理学、大学外语、口语与书法、计算机应用基础、毕业生就业指导、文献检索、职业生涯规划、教师技能训练等课程。这些课程使学生在受教育的过程中为发展其个性，开发其潜能，具有创造性学习的自觉性，富于主体精神、创新精神奠定必备的职业基础能力，使学生能自觉地适应今后社会发展的需要。

2. 专业课模块与学生专业理论基础的夯实

第一，注重学生对马克思主义理论素质提升课程模块的构建。此模块主要包括马克思主义哲学、政治经济学、中国化的马克思主义、政治学原理、马克思主义经典著作选读等课程。马克思主义哲学要包含现代自然科学和社会科学的最新进展及对马克思主义哲学所造成的影响等内容；政治经济学中资本主义部分要做大的删减和修改，充分反映当代资本主义社会的发展状况，增加现代市场经济、中国社会主义市场经济体制改革和知识经济等方面的内容；把毛泽东思想概论、邓小平理论和"三个代表"重要思想概论等课程进行系统化整合，开设中国化的马克思主义，增强理论体系的一贯性、继承性和发展性。第二，注重学生对当代中国和世界发展现状及未来趋向能力培养课程模块的构建。此模块主要包括中国近现代史、中国哲学史、西方哲学史、当代中国政治制度、中国近现代政治思想史、西方政治思想史、中国改革与发展、世界政治经济与国际关系等课程。这些课程的设置，有利于学生从历史与现实、历史与逻辑相结合的角度来审视、了解新中国成立以来，尤其是党的十一届三中全会、改革开放以来所取得的巨大成就，以及进入 21 世纪我国在当代世界政治经济与国际关系中的影响、地位和作用。第三，注重学生对思想政治教育岗位上自我工作能力强化课程模块的构建。此模块主要包括马克思主义伦理学、现代社会学、思想政治教育学原理、公共关系学、社会心理学、思想政治学科教学论等课程。这些课程的设置有利于学生掌握马克思主义思想政治教育工作的方法论，培养学生坚定的社会主义思想政治觉悟和健康高尚的职业道德修养。

3. 选修课模块与宽口径复合型人才的培育

第一，中学教师岗位方向。此模块主要包括现代教育技术、教师技能训练、中学思想政治课教材教法、教师教育与师范专业发展专题、教育思想史与教育热点问题研讨、新课程改革专题等课程。这些课程的设置有利于培养学生的教育理念、职业道德与教学技能。第二，学校德育管理方向。此模块主要包括管理文秘、思想政治工作方法论、教育行政与管理专题、教育管理与评价、行政学、人本管理学等课程。这些课程的设置有利于培养学生的学校德育管理和组织协调能力。第三，党政机关、企业、社区服务方向。此模块主要包括法学概论、行政法学、行政管理学、领导科学、公务员考试实务、组织行为学、经济生活专题、经济学说史、社区管理学等课程。这些课程的设置有利于培养学生的组织管理能力、服务精神和职业道德。

4. 实践课模块与学生创新精神和实践能力的提升

高素质创造性的教师除要具备扎实的基础理论功底和师范技能外，还必须具有较强的动手操作、综合分析和创新能力，而这些能力均需要通过实践性教学环节来获得。由于政治学科存在理论性强、实践性相对较弱的特点，大多数院校思想政治教育专业教学模式一般只注重向学生传授基本原理和训练学生的师范技能，往往忽视了对学生实践能力、操作能力和创新能力的培养，实践教学观念陈旧，实践教学手段和技术相对落后并且缺乏实践教学评价。因此，在思想政治教育专业的课程设置中，我们应更新实践教学观念，创新实践教学内容和形式，注重课堂实践教学环节与课外实践教学环节的结合，重视专业见习、教育实习、社会调查、课程论文、学年论文、毕业论文、支教活动、学术活动、课题研究、假期社会实践等方面的内容。此外，还应强化实践教学队伍建设以及科学的实践教学评估体系的构建。

总之，调整与改革思想政治教育专业课程体系，应在明确其指导思想的前提下，围绕思想政治教育专业人才培养目标，夯实基础性，提高综合性，坚持师范性，拓宽应用性，注重时代性，在课程理念、课程结构、课程内容等方面进行改革和优化，建构起思想政治教育专业复合型课程体系，提高创新型人才培养的质量。

第九章　建立科学完善的管理评价体系

思想政治教育专业的教学目标直接体现了社会对于高等教育的政治发展要求，反映了高等教育的社会主义办学方向，直接关系到我们"培养什么人""如何培养人"的核心问题。那么对于专业建设得如何、成效怎么样，就必须要进行实事求是、准确科学的评价，通过评价达到总结经验、发挥优势、找准差距、克服不足的目的。以人为本，更好地发挥思想政治教育专业以德育人的职能，以及在创新型人才培养过程中的核心和基础作用。中共中央、国务院《关于进一步加强和改进大学生思想政治教育的意见》中明确指出：要把大学生思想政治教育工作作为对高等学校办学质量和水平评估考核的重要指标，纳入高等学校党的建设和教育教学评估体系[①]。重视研究思想政治教育专业的评估问题，建立和健全思想政治教育专业的评估指标体系，对推动思想政治教育专业的建设，充分发挥思想政治教育在整个教育体系中的思想引领作用具有极其重要的意义。

所谓教育评价，是指教育的决策和管理者为了检测教育的价值和有效性，为教育教学改革提供经验总结而运用测量、统计、系统分析等一系列定性定量分析方法对教育活动的参与者、活动现象以及活动程序进行价值判断的过程，教育评价是能够反映教育效果的整体指标结构[②]。

---

① 中共中央、国务院：《关于进一步加强和改进大学生思想政治教育的意见》，《人民日报》2004 年 10 月 14 日。
② 张耀灿、陈万柏：《思想政治教育学原理》，高等教育出版社 2004 年版。

一 建立科学的评价指标体系

（一）思想政治教育专业创新型人才评价指标体系构建的基本思路

创新型人才评价就是依据一定的标准、程序和技术手段对创新型人才这个特殊对象进行价值判断。具体地说，就是通过对创新型人才内涵的分析，设计一个评价指标体系的框架，然后在运用过程中根据实际情况来逐步完善的评价指标。在设计选择时评价指标也要有所侧重，具体问题具体分析。通过研究和借鉴国内外关于人才培养质量评价体系的文献资料，我们拟构建的高校思想政治教育专业创新型本科人才培养质量评价指标体系应能反映以下三个方面的内容：一是评价指标体系应能反映创新型人才的素质能力、创新能力和知识水平，这是创新型人才评价的核心内容。二是评价指标体系应能针对思想政治教育专业，反映学生素质能力、创新能力和知识水平之间的协调发展。三是评价指标体系应具有实际操作意义，以使不同研究对象的各项指标能够横向或者纵向比较。

（二）思想政治教育专业创新型人才评价指标体系的构建原则

创新型人才评价指标体系的构建是进行人才培养质量评价的基础性工作，只有建立一套科学合理的评价指标体系，才能对高校创新型人才培养水平进行有效的评价和监测。评价指标体系的构建必须遵循一定的原则，才能保证其科学性和可行性。在构建评价指标体系过程中，以基本素质和知识技能为主要内容，要克服片面的、模糊的、狭隘的、急功近利的做法，不断完善评价手段。对于思想政治教育专业创新型人才基本素质的评价，是一种对创新潜力的评价，主要包括思想品德、认知能力、思维结构、科学精神、人文精神等内容。对创新潜力及时地作出科学评价，可缩短创新型人才的成长时间，使创新型人才能够早日脱颖而出。在实践中，评价的误差和创新过程中不易捕捉因素的出现，能够对创新潜力较大的学生能力的发展产生巨大影响。对知识技能的评价，是进入创新领域群体的一种评价，主要评估客体的知识结构、知识储存与积累及各种技能，包括解决实际问题的能力、组织协调能力、科学技术研究能力、掌握人与人之间信息交流技能的能力等。对评估客体的知识技能的评价，首先是对创新状态的评价，就是对既定的事实作出价值的评判，而且这种评价的价值要明显优于对"创新潜力"的评价的价值。其次是对创新实力的评价，要考虑到其进入相应工作岗位后的适应性问题。选取评价指标时应遵循系统性与层次性相结合、科学性与可行性相结合、静态指标与动态指标相结合、可比性与可靠性相结合以及全面性与代表性相结合的原则。

1. 科学性原则

评价指标体系的设计必须建立在科学的基础上，有清晰明确的指标定义和简单方便的计算方法，同时从定性和定量两个方面对评价对象进行合理的反映和描述，力求全面、客观。

2. 动态性原则

对创新型人才的认识和评价是一个动态过程，相关因素的变化和发展，都会使各个评价因子所发挥的作用增强或减弱，评价指标体系应作出相应的调整以适应变化。

3. 可行性原则

评价指标体系的可操作性和指标的可度量性是建立评价指标体系的一个基本原则，数据要有较强的可获得性。在基本满足评价要求和给出决策所需信息的前提下，尽量减少指标个数，使整个指标体系具有较高的使用价值和可操作性。

4. 精确性原则

评价指标的选择与设置必须抓住创新型人才的本质特征，尽可能用少而准确的指标把要评价的内容表达出来。设计的评价指标体系中各个指标之间应具有很强的逻辑关系，而不是各个指标的简单堆积。

(三) 思想政治教育专业创新型人才评价指标体系的构建

1. 评价指标体系的初步设计

目前国内外关于创新型人才培养质量评价方面的研究非常有限，

尤其是缺乏针对某一特定专业创新型人才的研究。一些学者对高校人才和创新型人才的培养质量进行了评价，形成了具体的指标体系，这为思想政治教育专业创新型人才培养质量评价指标体系的构建奠定了良好的基础。我们拟根据创新型本科人才的概念、内涵以及相关评价体系，结合思想政治教育专业的实际情况，构建一套全面、合理和可操作的高校思想政治教育专业创新型人才培养质量评价指标体系。可以采用频度统计法和理论分析法相结合的方法来初步设计评价指标体系，以保证其可行性和可操作性。通过参考和借鉴国内外关于创新型本科人才培养质量评价指标体系的文献和资料，在综合分析创新型本科人才培养质量主要影响因素的基础上，将创新型人才培养质量评价分为创新培养体系建设、专业教师素质、学生素质能力、学生知识水平、学生创新能力和用人单位评价等六个方面。

2. 评价指标体系的最终确定

对于上述创新型人才培养质量评价指标体系中的六个方面指标，需要进行进一步筛选。指标筛选是对初选指标的进一步选择，它是确定后续指标权重以及多属性评价决策的前提和基础。在采用专家调研法对初选指标进行筛选后，通过频度统计法和理论分析法初步提出思想政治教育专业创新型人才培养质量评价指标的，应征询有关专家意见，对指标进行综合调整，最终确定24项评价指标（见附表3）。

该体系由"目标层""准则层"和"指标层"三个层次构成，包括创新培养体系建设、专业教师素质、学生素质能力、学生知识水平、学生创新能力和用人单位评价6个评价要素，共涵盖24项评价指标。在设计评价指标体系的过程中，全部采用了普遍认可的指标，具有一定的可行性和可操作性。

思想政治教育专业创新型人才培养质量评价指标体系并不是一成不变的，由于不同高校的创新型人才培养具有不同的特点，因此应用该指标体系时应进行适当或适量的调整，使其更具有可操作性。

二 设定定期检查的制度

（一）定期检查的内容和标准

开展思想政治教育专业创新型人才培养的定期检查工作，应紧紧围绕以下几个要点进行。

1. 对思想政治教育专业创新型人才的思想政治素质进行检查

主要检查学生的政治、思想、作风、纪律和道德品质等方面的素质，尤其应注重通过对其思想作风等多方面的检查与考核，了解和把握创新型人才的思想政治素质。具体地说，就是看其是否具有正确的世界观、人生观、价值观；是否熟练掌握马列主义、毛泽东思想、邓小平理论的基本观点；是否具有运用辩证唯物主义观点解释现实问题的能力，牢固树立社会主义信念、热爱祖国、振兴中华民族的使命感；是否具有探索精神、创新思维、崇尚真知、追求真理的恒心和毅力；是否具有诚实守信、团结合作的精神和能力。思想政治素质是人生发展的原动力，是高素质创新型人才的基本特点。

2. 对思想政治教育专业创新型人才的专业知识和实践能力进行检查

对专业理论知识和实践能力进行检查，主要检查学生参加学习活动的自觉性、主动性和出勤情况，以及对本专业基本理论、必备知识的掌握情况等。实践能力检查主要包括运用马克思主义的立场、观点和方法，分析、研究、解决实际问题的能力，组织协调、执行、沟通的能力等。

3. 对思想政治教育专业创新型人才的生活态度进行检查

主要是检查学生的学习状态、心理状况、人际关系等。检查中应注意从具体的时间、地点、环境中，辩证地分析外部条件和内部条件、有利条件和不利条件、一般条件和特殊条件，从而了解其取得成绩的主观能动性，客观地判断创新型人才在特定的环境中，其主观努力的具体表现和取得成绩的才能，把握住检查评价的关键因素和具体指标。

（二）定期检查的方法

1. 定性检查与定量检查相结合的方法

定性检查是通过对检查客体的整体和性质的分析与把握，来获得对某一特定检查项目的判断的方法。定量检查是运用数据的形式，通过对检查客体表现出来的一些量的关系的整理分析，从数量上相对精确地对某一特定检查项目进行判断的方法。唯物辩证法坚持事物质量互变的基本规律，认为没有无质的量，也没有无量的质。科学的检查，必须将定性与定量有机结合起来。没有定性检查，只能是模糊不明的检查；没有定量检查，只能是无现实意义的检查。但是也不能机械地组合定性检查与定量检查，这违背了定性与定量有机结合的原则。要根据思想政治教育专业评估的实际情况，正确认识定性、定量检查方法的适用范围，合理配置、组合检查方法体系，从而真正坚持定性与定量有机结合的方法。

2. "德"的检查与"才"的检查相结合的方法

思想政治教育专业创新型人才"德"的检查以政治思想素质、道德品质的考核为主，体现了思想政治教育专业的教育特点和要求。"才"的检查即是学习能力、学习实绩的检查，不仅看各类考试成绩，而且还要看思政专业创新型人才实际学习能力水平，看知识能力的实际发挥、转化。

3. "软件"检查与"硬件"检查相结合的方法

"硬件"检查主要是指考试考核和资格证书的考核。"软件"检查主要是指专题性教育、第二课堂活动和各类政治素质提高的考核。"软件"检查中的辩论赛、演讲赛、教师技能讲课竞赛、教育征文活动等要逐渐纳入"硬件"检查，建立必要的定期检查登记制度。

4. 静态检查和动态检查相结合的方法

静态检查是指在一定时间、空间和情境下对专业活动、教育效果及条件因素的现状进行检查；动态检查是指在一定时间、空间和情境序列下，对各类专业活动、教育效果及条件因素的现状进行检查。静态检查表现客体的现状，动态检查则表明客体的发展能力和发展趋势。唯物辩证法中运动的绝对性与静止的相对性是物质运动的两个基本属性，是将思想政治教育专业创新型人才培养评价体系的静态检查与动态检查有机结合的理论基础。坚持静态与动态的有机结合，就要看到人才培养的各项构成要素在检查活动某一阶段中的相对稳定性，在此基础上，通过动态的分析了解其能够达到的程度和发展的趋势，从而为后续的发展提供经验和一定高度的基础平台，形成可持续发展。只有如此，才是真正的静态与动态的有机结合。

除上述内容和标准外，还应结合不同年级、方向分别制定相应内容标准进行检查。检查方式应将自评、学生互评、教师综评相结合，将抽查评价、问卷调查、学生访谈相结合。

（三）定期检查的程序

定期检查的程序是指对培养工作所遵循的步骤及主要环节进行确认、指导和纠正，是准确识别创新型人才、提高工作效率，保证人才培养效果的规范要求和制度保证。做好创新型人才培养过程的检查工作，应坚持检查工作内容、指标及程序，不可随意简化或减少。

一是做好检查准备。检查准备指组织检查组，制定检查工作方案。组织检查组时，应根据教育管理者的岗位及担任职务的特点和要求，本着熟悉业务、结构合理的原则，确定检查人员，搞好人员搭配。制定检查工作方案，是检查前准备工作的重要内容之一。检查方案应包括检查目的、检查任务、检查内容、检查方法、检查步骤以及有关要求等项内容。

二是加强深入了解。深入了解是指采取个别谈话、发放征求意见表、民主测评、实地考核、查阅资料、专项调查、同检查对象面谈等方法，广泛深入地了解情况。这是人才培养检查工作的主要阶段，其工作的好坏直接影响检查结果。这个阶段是围绕了解、挖掘和掌握思想政治教育专业创新型人才的政治素质、学习表现和民意情况而进行的，主要任务是准确地把握检查创新型人才的全面情况，形成初步的印象和概念，为综合评价鉴定创新型人才培养工作做好准备。

三是完善信息整理。信息整理是指整理检查所获得的大量的原始信息，主要是对教师及学生的意见、调查情况、查阅有关资料以及平时掌握的情况等，对其进行系统分析、判断和研究、综合，并在此基础上对创新型人才培养情况做出结论，形成书面检查材料。

四是加强结果运用。根据综合分析检查情况，对检查中发现的突出问题，研究提出有针对性的改进建议，并督促检查对象有针对性地加强改进，跟踪改进落实情况。通过对检查结果的应用，进一步提高和强化创新型人才的反思意识和进步意识，巩固已有的成果，有效推进检查工作的深入开展。

通过制定和完善针对思想政治教育专业创新型人才培养的定期检查内容、程序和方法，能够客观准确地把握人才培养的实际状况，从而不断推动创新型人才素质的提升。

三　实施严格的奖惩办法

奖励能使人们符合组织期望和要求的行为得以保持、增强、发展和巩固；惩罚则能使人们不符合组织期望和要求的行为得到控制、减弱、消除和矫正。奖励与惩罚在心理学和行为科学中都统称为强化刺激，其为人的复杂的、连锁的行为活动提供了反馈信息，起到激励行为的作用。奖励称为正强化，能使符合社会期望和组织要求的行为加强、保持和推广。惩罚称为负强化，能使不符合社会期望和组织要求的行为尽快得到控制、减弱和矫正。

（一）确立奖惩标准参照系

奖励作为一种正面的激励，是构建科学完善的创新型人才管理评价体系的主要手段之一。高校学生管理中的奖励主要包括物质奖励和精神奖励，名目繁多的荣誉称号在各高校的学生奖励办法中都会作为重要内容进行规定和说明。但是这样的管理方式也存在着一定问题。首先，名目繁多的荣誉称号不能很好地辨别荣誉层级，不利于学生管理。适度的奖励能够起到促进学生发展的作用，可将其分成学习、工作、生活三类，每个种类设置几种荣誉称号已经可以满足对学生发展的鼓励，但是当前很多学校为了促进学生的全面、个性化发展，设置了很多类型的荣誉称号，这些称号中有的差别不大，容易让人们混淆奖励等级；各个学校的荣誉称号自成体系，学校内部的荣誉等级还较为清晰，但是校际缺乏统一的评价标准，无法通过荣誉称号的名称正确区分出两个不同称号之间的层级差别，给比较评价带来困难。其次，名目繁多的荣誉称号让学生变得功利浮躁。当前大学学术功利浮躁的问题广受诟病，很重要的原因是制度管理引导的偏差，学校设置各种荣誉称号的初衷是好的，是为了在良好竞争环境中使学生共同进步，但是在现实中，很多学生为了通过荣誉称号证明自己的实力，获取更为优良的教育资源和发展前景，不惜"为了获奖而获奖"，针对不同奖励的要求"投其所好"，特别是一些重视素质德育方面的奖励，做一些表面文章来迎合奖励规定就可以获取奖励，这不仅违背了培养高尚人格的初衷，还造成了学生功利化的不良局面。

对学生的惩罚本意是通过这种较为严厉的方式让学生认识到目标的偏差或错误的严重性，改掉自身缺点以达到教育的目的。目前对学生的惩罚，似乎为了更加重视对学生的关爱照顾，尊重学生的自尊心，在力度的把握上存在偏差。处罚应该遵循"严进严出"的原则，即实施处罚时要严格要求，设置较为严厉的处罚措施，解除处罚也要通过严格的评定。但当前对学生的处罚有"宽进宽出"的倾向，受到处罚时"获得"一个处罚的名称，停止学生相应的权利，而没有关注对学生的教育改变过程；在临近毕业时一般都会解除处罚，以免耽误学生今后的发展，没有让学生真正地通过改变解决存在的问题，铭记错误的代价。管理上存在着形式主义的倾向，监管的不健全导致处罚的严肃性缺乏保障。

什么行为应该奖励，什么行为应该惩罚，都应该有明确的规定和参照执行的标准。执行得好就要奖励，违反了规定和要求就要惩罚。其目的就是要对这种激励机制进行量化考评，尽量做到公平、合理、公开。我国《高等教育法》第五条规定，"高等教育的任务是培养具有创新精神和实践能力的高级专门人才，发展科学技术文化，促进社会主义现代化建设"。高校奖惩机制要求学生综合素质评价指标必须依据高等教育的任务来确立，应体现为德行、知识、能力和实绩的统一。包括：第一，思想政治素质，包括思想素质、政治素质、道德素质、心理素质等。第二，科学文化素质，是衡量大学生综合素质的重点。第三，创新素质，即21世纪的大学生要坚持创新、勇于创新。

（二）坚持物质和精神奖励并重

高校对于学生的奖励主要分为物质奖励和精神奖励两种。物质奖励可以分为奖金奖励和物品奖励，如颁发奖学金、奖状、奖杯等，主要是对在学习、品德等方面表现较为突出的学生，或在科研、志愿服务、社会实践、学生干部工作等单项方面表现突出的学生进行奖励，对取得的成绩进行肯定，树立学习榜样，激励其他同学进步。精神奖励主要是指在上述突出表现行为下，通过授予荣誉称号、进行先进事迹学习宣讲等形式对学生的突出表现进行奖励和宣传。

马克思指出，人们奋斗所争取的一切，都同他们的利益有关①。这里的利益包括物质利益和精神利益两个方面。激励机制的作用，从根本上来说是通过利益刺激的手段来实现的。因此，实施这种机制的过程中，既要注重物质奖励，也要注重精神奖励。这是因为，只讲物质奖励，虽然可以满足学生的经济需要，可以在一定程度上激发其学习兴趣和积极性，但容易使被激励者产生唯利是图的不良心理倾向；只讲精神奖励，虽然可以暂时满足人的高层次心理需要，激发学生的主动性和创造性，但难以使这种作用得以长久发挥。应该说精神奖励是一种主导的、持久的奖励形式，对学生的行为具有教育性、激励性、调节性和增力性作用；但是没有物质奖励的支持和充实，精神奖励的作用就会减弱甚至落空。因此，对表现出创新发展潜力的学生进行奖励时，要把物质奖励和精神奖励有机结合起来，才会产生实际的、持久的、强有力的激励作用。

需要指出的是，在坚持物质奖励和精神奖励并重的同时，还应注意奖励个人和奖励集体并重，这样做既有利于调动个人积极性，又有利于增强集体的向心力和凝聚力。还应防止对那些受到多次惩罚的人产生偏见，使他们不失去任何受到奖励的机会。

---

① 《马克思恩格斯全集》第一卷，人民出版社1972年版，第82页。

（三）严格执行奖惩标准

在实际的人才培养教育过程当中，要更好发挥奖惩的作用，必须做到以下几点：第一，公正公平，奖惩分明，敢奖敢罚。不论奖励和惩罚，都要公正公平，从院系专业发展和人才培养的大局出发，做到该奖就奖舍得奖，该罚就罚真正罚，奖惩分明，科学充分发挥激励机制的作用。第二，实事求是，奖惩得当。要深入调查，尽可能使奖惩做到准确无误，防止弄虚作假，尤其注重培养学生的学术诚信，实行"学术造假一票否决制"；要正确把握奖励的标准和尺度，并尽可能量化奖励的规格，尽可能使奖励的级别适当；要以奖励为主，奖的一面要大于罚的一面；要及时地抓住奖惩时机，并注意选择适当的奖惩场所。第三，奖惩需伴以个别教育，以不损害学生自尊心为底线。我们的奖优惩劣的机制应本着"以教育为主"的原则，"治病救人、惩前毖后"，对受奖者要提出新的要求，使其戒骄戒躁，不断前进；对受罚者要热忱关心、耐心说服教育，引导其吸取教训，帮助其端正态度，明确方向。第四，制订有针对性的鼓励创新的奖惩制度。如设立院系创新基金，重奖学生的创新成果，开展合理化建议制度，对达不到创新目标要求的学生给予重点引导等。

第十章 宝鸡文理学院思想政治教育专业创新型人才培养的实践探索

宝鸡文理学院是一所具有鲜明师范办学特色和学科优势的综合性大学，学校将培养"品德优、基础实、能力强、素质高"的创新应用型人才作为培养目标，为社会培养了5万多名基础教育、经济和社会建设方面的高素质创新型人才。思想政治教育专业作为学校最早设立的5个专业之一，始终秉承学校的办学宗旨，强化教学质量和创新意识，不断改革教学方法和手段。在教学上注重把传统文化与现代意识相融合，把政治理论与法律意识相融合，把理论思维培养与实践技能训练相结合，把专业建设与服务地方相结合，把培养"思想道德品质优、政治理论水平高、综合能力强""善思会说能教"的创新应用型人才作为专业人才培养目标定位，在培养创新型人才方面进行了一系列的探索与实践。

一 营造良好的创新校园文化氛围

在当今时代，文化已经越来越成为民族凝聚力和创造力的重要源泉、越来越成为综合国力竞争的重要因素。大学文化是一所高校在长期的办学实践中积淀、培养并形成的文化形态，是广大师生员工普遍认同并共同遵守的价值体系、基本信念和行为规范，具有鲜明的个性特征和相对的稳定性、持续性。大学文化是办好大学最重要的精神资源，是大学最核心的竞争力。加强大学文化建设对高校"培养什么人"和"怎样培养人"发挥着关键性的作用，对于促进学校的健康、协调、可持续发展具有重要意义。

高校的根本任务是培养人才，而且是通过文化培养人才。文化的基本功能在于武装人、引导人、塑造人、鼓舞人，也就是培育人。人是文化的创造者，也是文化的创造物。教育发展的历史已经表明，大学的出现就是为了继承、传播和创造文化，以传承和创新人类先进文化为己任，并且逐步成为人类社会的思想库和知识创新的孵化器。通过文化的继承、传播和创造，促进受教育者的社会化、个性化和文明化，进而塑造健全的人、完善的人，并在履行自身使命的过程中升华大学文化。当前我国高等教育已经将战略重心转向内涵建设，更加注重人才的培养和知识的创新，更加注重办学的质量特色和服务社会的能力。大学文化广泛渗透在教学、科研和校园生活的各个方面，影响和支配着大学的发展方向、发展模式和发展特色，是大学内涵建设的核心和灵魂。大学最深刻的改革是思想领域的改革，最本质的发展是文化层面的发展。学校和院系的改革发展需要广泛的文化认同，这就要求高校要大力推进文化建设。通过大学文化建设，改变我们思想观念、思维习惯、行为方式上的定式，更新理念，开阔视野，破解改革与发展中的各种难题，充分调动全校师生员工的积极性和创造性，推动学校的发展。基于对文化重要性的认识，我们在培养创新型应用人才的过程中，应注重从精神文化建设、制度文化建设、行为文化建设和形象文化建设等四个方面营造创新文化氛围。

（一）精神文化建设

精神文化是学校在长期的办学实践中积淀形成的共同理念、历史传统、价值取向、群体意识和行为规范的总称。精神文化是大学文化建设的核心，是引领和感召师生员工奋发向上、开拓进取的内在动力。因而我们把加强精神文化建设置于大学文化建设的首要位置。

1. 践行宝鸡文理学院校训

校训是一所大学精神传统的灵魂。在50多年的发展和变革中，宝鸡文理学院形成了"博文、明理、厚德、尚能"的校训。这一校训的内涵既反映了学校的历史传统，也符合现代大学精神的要求，我们在培养创新型应用人才的过程中，激发广大师生员工弘扬以校训为内涵的宝鸡文理学院精神，并使之成为全校师生员工共同的文化自觉和精神追求。

"博文"即学生要以学习为天职，勤奋好学，刻苦攻读，努力掌握科学文化知识，同时广大教师要树立终身学习的理念，努力做到精通业务，钻研学问。

"明理"即广大师生员工要志存高远，追求卓越，并在学习和工作中具有坚忍不拔、顽强拼搏、锐意进取的意志品质。

"厚德"即在教育工作中要坚持育人为本、德育为先，把学生优良品德的养成始终置于教育教学工作的首位，同时广大教职工要坚持以身示范，立德树人。

"尚能"即广大师生要坚持身体力行，学以致用，知行统一，始终保持脚踏实地、埋头苦干的作风。

2. 加强宝鸡文理学院校风建设

校风是全校师生行为规范和精神风貌的集中体现，具有强大的同化力、感染力和约束力。校风由教师的教风、学生的学风以及管理与服务人员的工作作风构成。

加强教风建设就是要引导广大教师忠于职守，敬业乐教，全身心投入教学科研工作；遵从学术道德，恪守学术伦理，规范执教，严谨治学；履行教书育人天职，循循善诱，诲人不倦，努力做学生成长成才的良师益友。

加强学风建设就是要教育广人学生端正学习态度，培养学习兴趣，增强学习动力，改进学习方法；树立科学精神和批判意识，善于独立思考，勤于动手实践；坚持勤学和乐学相统一，通识学习和专业学习相统一，全面发展和个性发展相统一。

加强工作作风建设就是要进一步增强管理与服务人员爱岗敬业、踏实肯干的责任意识；形成精诚团结、合作共事的工作氛围；养成公道办事、热情服务、讲求效率的工作作风。

（二）制度文化建设

文化建设只有从观念价值固化为制度形态，才能在实践中持续发挥作用。因此，必须加强制度文化建设，以符合大学精神和时代要求的各项制度，来推动和促进各项工作健康发展。在制度文化建设方面，我们的做法如下。

1. 强化制度意识

在全校上下树立依法治校的理念，形成有法可依、有章可循、执纪必严、违章必究的良好风气；同时强化制度的权威性和严肃性，坚持制度面前人人平等；健全制度执行的监督约束机制，防止滥用职权以及有令不行、有禁不止的行为。

2. 完善制度体系

完善学校治理结构，坚持党政领导负责制，健全内部管理体制；完善议事规则与决策程序，坚持党政联席会议讨论决定原则，认真做到"集体领导，分工负责，个别酝酿，会议决定"；完善教职工代表大会、学生代表大会制度，健全工会组织运行的相关规章，依法保障广大师生员工的基本权益和切身利益。

3. 规范制度行为

加强规章制度的执行力度，确保各项制度能够得到有效贯彻和落实；继续推行院务公开制度，确保师生的知情权、参与权和监督权；定期整理和归档学校及各单位的制度文件，使各项工作有章可循、有案可稽。

（三）行为文化建设

行为文化是师生员工所表现出来的行为方式的总和。大学文化建设的水平，最终要落实和体现在广大师生员工的行为上。

1. 规范公共行为

教育和引导师生员工在校内外公共活动中时刻注意树立政法人的良好形象，自信自尊自律，衣着整洁，仪表端庄，态度谦逊，言语儒雅，举止大方，行为文明。

2. 端正职业行为

规范不同类别岗位人员的职业行为特征，提高职业行为素养。教师的行为要符合《高等学校教师职业道德规范》，具有高尚师德师风，为人师表，教书育人；学生的行为要遵守《大学生守则》，勤奋学习，诚实守信，品学兼优；行政人员的行为要体现岗位职责的基本要求，爱岗敬业，恪尽职守，努力提高管理和服务水平。

3. 强化文明行为

引导全校师生员工，遵守社会公共道德规范，强化文明行为，养成文明习惯；提高道德修养、文化素质和审美情趣，追求健康向上的生活方式；在社会公共场所严于律己，以身作则，引领社会风尚；积极参加文明校园、文明班级、文明社区、文明家庭创建活动，形成共建文明、共享文明的良好氛围。

（四）形象文化建设

形象文化建设关系到学校整体形象的对外展示和舆论宣传，集中体现着学校的文化品位与格调，发挥着外塑形象、内聚力量的作用。我们注重从提升学术品位、增强文化创造力、建设文化阵地、提高社会声誉等方面提高学校的社会美誉度。

1. 提升学术品位

学术品位是一所大学所表现出来的学术氛围、学术追求、学术成果、学术影响的境界和情趣，是衡量一所大学办学水平的重要标志。我们不断强化着广大教师的科研意识，努力提高学术造诣和水平，以学术品位的提升来促进大学文化建设。首先，强化教师的科研志向，使"视学术为生命""以学术来立身"成为广大教师普遍的价值追求；其次，鼓励教师瞄准学术前沿，协同创新，攻坚克难，勇攀高峰；再次，引导教师形成"十年磨一剑"的抱负和毅力，力争出高水平、有影响力的科研成果；最后，鼓励和支持学生积极参与科学研究，增强科研意识，树立学术志向。

在学生中广泛开展"好读书、读好书"活动。营造良好读书氛围，培养学生阅读兴趣，养成好读书、多读书、读好书的良好习惯；开展读书月、读书周及读书心得经验介绍等活动；加强与图书发行机构的联合，经常性地举办校园书展和送好书到校园活动。

2. 增强文化创造力

大学的使命不仅要传承文化，还要创新和发展文化，促进社会文明进步和文化繁荣。大学的文化创造力直接关系到大学办学水平和社会影响力的提升，是其形象文化建设的重要组成部分。因此，在学校的形象文化建设中我们要大力提升文化创造力。充分发挥学校现有的学科优势，力争产出一批具有创新意义和重大社会价值并能经得起实践与历史检验的优秀学术理论成果。

注重培养学生的科学精神和创新能力，大力弘扬创新文化，广泛开展校园科技文化活动，通过举办学术节、学术周、科技作品竞赛、学术人文讲座、科普知识宣传、文学艺术作品诵读和展演，丰富学生的科技文化艺术生活。以大学生课外学术科技作品竞赛和大学生创新创业大赛等活动为依托，组织大学生组建各种科技创新活动课题组，加大对学生科研活动的经费投入，增加学生科研课题立项，强化教师指导学生科技活动的责任意识，建立老师与学生基于学术层面的交流沟通渠道，在老师的指导下，自主开展多种多样的学术文化活动。培养学生的学术素养，养成参加学术活动的自觉性。

3. 建设文化阵地

加强文化阵地建设，为师生开展文化活动提供场所、创造条件。加强教职工活动中心建设，积极开展"模范教职工之家"创建活动，改善职工活动条件，开展丰富多彩的教职工文体活动；加强文化广场等文体活动场所建设，拓宽师生文化活动空间；建设校园广播系统，为校内信息发布、新闻宣传、思想教育等提供条件，丰富校园文化生活；充分发挥网络媒体在大学文化建设中的作用，把学校网站建成展示政法风貌，加强对外交流，开展宣传教育的重要平台，不断规范网络建设，提升学校网站的品位和水平。

4. 提高社会声誉

在提高学校社会声誉的过程中，我们高度重视媒体传播的作用。政法学院网站、微博及政法学院宣传栏、《政法论坛》《政法学子第一线》等主要媒体牢牢把握正确导向，提高舆论引导的及时性、权威性和公信力、影响力；弘扬主旋律，突出实效性；贴近中心工作和师生生活，把镜头对准学生，把版面留给师生；加强舆情分析和研判，发挥信息的资政作用。注重加强对外宣传的力度，树立良好社会形象；重视对学校重大事件、重要活动和典型人物的宣传，突出报道学校的特色和亮点，提高学校的社会知名度和美誉度。

二 加强创新型师资队伍建设

创新型人才的培养，根本在教育，关键在教师。师资队伍建设是高校推进教育教学改革、提高教育教学质量的抓手，其建设水平决定着高校人才培养质量和特色，没有一支高素质的教师队伍，创新型人才培养的重任是难以完成的。多年来，我们根据思想政治教育专业人才培养的需要，把建设一支品德高尚、理念先进、业务精湛、结构合理、充满活力的教学团队作为目标。我们主动顺应高等教育内涵发展的新形势，坚持以人为本，充分尊重和有效发挥教师在高校办学中的主体地位与作用。以哲学省级重点学科、周秦伦理文化与现代道德价值研究中心、横渠书院为依托，以学科带头人为核心，围绕重点方向和重大项目凝聚学术队伍，促进高层次创新型人才队伍建设，积极推进创新团队建设；以培养和引进高学历骨干教师为重点，全面提升教师的学术竞争力和整体素质，促进师资队伍的可持续发展；以制度创新、管理创新为突破口，依托体制、机制创新，完善不同层次优秀人才的培养与激励机制，建立规范高效的用人制度和人才评价体系，充分调动优秀人才的积极性、创造性，注重学科带头人和青年教师的培养，初步形成了一支具有创新精神的师资队伍。

（一）强化师德师风建设

师德师风直接关系到教风和学风，关系到专业的人才培养质量，关系到党的教育方针的贯彻和落实。因此，我们要高度重视师德师风建设，坚持党的教育方针，以教师职业理想和职业道德建设为主线，以社会主义核心价值观为导向，以献身教育、热爱学生为核心，以教风建设和学术道德建设为抓手，有计划地对教师进行多种形式的师德培训，切实提高广大教师思想政治觉悟和职业道德水平。主要做法有：

1. 切实加强师德师风建设的组织领导

成立由校主要领导担任组长的师德师风建设工作领导小组，负责师德师风建设工作总体规划、制度建设、检查评估和组织落实。各级领导干部要加强对师德师风建设的督促检查，经常深入教学科研第一线，倾听教师意见，了解教师在工作、生活中存在的实际困难，及时向学校提出建议和意见，把师德师风建设工作同解决教师的实际困难结合起来，增强师德师风建设工作的感召力和影响力。

2. 加大师德师风宣传教育力度，营造有利于师德师风建设的良好氛围

每年9月以庆祝教师节为契机，利用校内外媒体，大力宣扬政治学院优秀教师和先进工作者的事迹；组织教职员工开展师德论坛、先进事迹报告会、征文、演讲，以及形式多样的师德师风研讨交流活动。利用各种载体，多渠道、分层次、有针对性地对全体教师开展形式多样的师德师风教育。进一步完善师德师风教育制度，扎实开展对教师的岗前师德教育，加大对专任教师、辅导员等的师德培训力度，尤其把提高中青年教师的师德师风水平放在教师队伍建设的重要位置来抓，鼓励中青年教师深入实际，实践锻炼，针对中青年教师的特点，开展形式多样的师德师风教育活动。

3. 完善师德师风建设机制

（1）完善师德师风培养机制。建立更加完善、严格的师德师风培训制度，多渠道、分层次开展师德师风教育。在教师岗前培训中，把教师职业道德培训置于突出位置，增加比重，活化方式，确保新教师师德师风培训效果；在青年教师导师制中，改变重教学科研指导，轻师德师风培养的状况，把师德师风培养作为一项基础性工作贯穿于导师制的整个培养期间，发挥老教师在师德师风建设方面的传、帮、带作用；建立师德师风导师责任制，把青年教师在师德师风方面存在或出现的问题，同导师的指导责任直接联系起来；建立对辅导员、班主任等学生工作者的师德师风专题培训制度；建立师德师风建设工作评估制度，构建科学有效的师德师风建设工作监督评估体系；研究制定科学合理的教师评价方法和指标体系，完善相关政策，体现正确导向，为师德师风建设提供制度保障，构建师德师风建设长效机制。

（2）建立严格的约束机制。进一步严格教师资格认定程序，完善新教师聘用制度，把思想政治素质、思想道德品质作为必备条件和重要考察内容；建立师德师风考评制度，将师德师风表现作为教师年度考核、职务聘任、派出进修和评优奖励等的重要依据；结合教育行政部门颁布的教师职业道德建设要求，制定加强教师职业道德建设的规章制度，制定具体明确的《教师职业道德规范》《教师行为规范》等规章制度，使师德修养和师德建设有章可循，用制度规范教师的行为。

（3）实行有效的奖惩激励机制。把师德师风考核结果与评优评奖、晋职聘岗等紧密挂钩，对师德师风不合格者实行一票否决，同时，对表现优异者予以表彰奖励，做到奖惩分明，使爱岗敬业、崇教厚德、为人师表成为每一位教师的自觉追求。

（二）实施教学名师工程

在教育教学实践中，我们十分重视教学名师的培养及其作用的发挥，根据中老年教师教学经验丰富、学术素养高的特点，发挥他们的示范作用。实施"教学名师工程"，坚持"四个一流"的选拔机制和"四个优先"培养机制，即师德一流、教学一流、科研一流、传帮带一流，优先支持教学名师培养对象进行精品课程建设工作、优先推荐教学名师培养对象申报国家及省级各类教学改革项目、优先推荐教学名师培养对象参加学院教学指导委员会及督导工作、优先支持培养对象参加国内外重要学术会议以及赴国内外知名高水平大学访学与进修。每学期举办教学名师讲坛，邀请学校教学名师为师生作提高教育教学水平的报告，从教学理念、教学方法、学习方法等方面指导青年教师的教学和学生的学习，不断推广教学名师的教学经验，加强教学名师在教学工作中的引领示范作用，加强对教学名师指导青年教师的过程考核，切实发挥教学名师在指导青年教师中的重要作用。这一系列措施均收到了良好的效果。

（三）加大青年教师的培养力度

青年教师是教师队伍的主体和未来，是推动学校事业科学发展、办人民满意的地方高等教育的重要力量。当前，我校40岁以下教职工数量多,占教师总数的 60% 以上。青年教师的思想政治和道德素质、业务能力和水平,关系到学校教育教学水平和人才培养质量。我们在师资队伍建设中特别注重青年教师的培养,主要体现在以下几个方面:

首先,强化青年教师职业道德教育。通过会议、专题报告、广播、网络、报纸、活页等多种形式,在全校范围内宣传《高等学校教师职业道德规范》,促使广大青年教师充分认识、深入理解和严格遵守道德规范的基本要求。把学习师德规范纳入青年教师培训计划,作为新教师岗前培训和在职培训的重要内容,聘请省级师德先进个人和省级教学名师作为讲课教师传授师德经验,引导青年教师树立崇高职业理想,增强职业认同感和归属感,严守教育教学纪律和学术规范,关爱学生、严谨笃学、淡泊名利、自尊自律,切实肩负起立德树人、教书育人的光荣职责。

其次,关心青年教师成长,实行导师制度。建立健全领导干部联系青年教师、与青年教师谈心谈话制度,及时发现他们在工作、生活上面临的困难;帮助青年教师解决住房、收入、子女入托入学等实际问题,制定分配政策时适当向青年教师倾斜,逐步提高青年教师的收入水平。为每位青年教师配备高级职称教师作为指导教师,负责指导青年教师的自修学习、听课辅导,参加课题研究等工作;通过以老带新的导师制,老教师向青年教师传授教学经验,引导其树立良好的教风、学风,使青年教师尽快脱颖而出,掌握教学、科研的技巧和方法。

再次,创造条件。建设青年教师活动中心,完善硬件设施和软件平台。让青年教师开展活动有空间、相互交流有平台。把教研室作为提高青年教师教学技能的平台,通过定期开展教研活动,研究教材内容和教法,探讨课堂教学中遇到的问题,交流教学体会,组织观摩示范课,开展青年教师讲课竞赛等活动,提高青年教师的教学科研水平。鼓励 45 岁以下的中青年教师攻读博士学位、脱产进修、在职进修,提高学历层次。

最后,优化青年教师成长发展的制度环境。建立系统、规范的教师职业发展辅导工作体系，为每一位青年教师的职业规划、职业促进和职业发展提供切实的指导和帮助。建立健全符合高等教育办学规律和青年教师成长特点的用人机制，完善重师德、重教学、重育人、重贡献的考核评价机制，促进优秀青年教师脱颖而出。创造有利条件，搭建发展平台，为学术水平和教学科研业绩突出的青年教师提供破格晋升机会，纳入学科带头人和后备干部培养体系。加大对青年教师的培养培训力度，重点资助青年教师参加外语培训、业务研修等，支持青年教师利用各种公派资源出国留学。通过教职工代表大会等渠道，支持和引导青年教师参与学校管理，凡是涉及青年教师切身利益的决策都要充分听取他们的意见，保障青年教师合法权益。

（四）完善教师奖惩制度

对在教学改革中成绩突出、师生评教反响优异的教师给予教学奖励并积极推荐其参加学校本科教学质量奖、最受学生欢迎的十大教师、教学成果奖和校级教学名师的评选，尤其加强对青年教师授课、备课的指导和督查，鼓励并支持教师参加各类教学竞赛，对获奖教师按学校有关规定给予配套奖励。对学生评教中排名靠后的教师，院领导及时约谈，帮助其提高教学水平。

经过多年的努力，思想政治教育专业的师资队伍结构得到优化，教师综合素质和专业能力水平不断提高。但是要真正建设一支师德高尚、业务精湛、结构合理、充满活力的创新型教师队伍，在今后的教育教学改革中，我们还要在培育教师的创新精神上下功夫，在青年教师的培养上下功夫，在改革教师评价方法上下功夫，在优化教师队伍结构上下功夫。

三　积极推进专业综合改革

（一）探索创新型人才培养模式

人才培养模式是指培养人的方式。"人才培养模式实际上是人才的培养目标、培养规格和基本培养方式，它决定着高校人才的基本特征，集中体现了高等教育思想和教育观念"①。思想政治教育是关于人的工作，是关于人的信仰、信念、信心和信任的精神生活的工作，具有鲜明的意识形态性。它不仅要求思想政治工作者有扎实的马克思主义理论功底，坚定的政治信念，高超的工作手段，更要有优秀的综合素养，尤其是良好的思想政治素养和创新能力。思想政治教育专业的职能就是培养从事思想政治教育工作的创新型人才，2014 年宝鸡文理学院思想政治教育专业获批陕西省本科教学质量工程"人才培养模式创新实验区"，我们以此为契机，从理论和实践上，积极探索思想政治教育专业的人才培养模式，取得了一定的成效。

1. 修订和完善思想政治教育专业人才培养方案

人才培养方案是指在特定的教育思想和教育理论指导下，对人才培养目标、培养规格、课程结构、教学内容、进度计划、考核评价等各环节要素进行综合设计而形成的操作性文本，它是学校人才培养和教学运行最重要的纲领性文件。为适应国家创新驱动发展战略的实施，我们在充分调研的基础上，以国务院办公厅《关于深化高等学校创新创业教育改革的实施意见》（国办发〔2015〕36 号）、《教育部关于加强师范生教育实践的意见》（教师〔2016〕2 号）和教育部"卓越人才培养计划"等文件为依据，对思想政治教育专业的人才培养方案进行了修订和完善。首先，明确人才培养方案修订的指导思想和基本原则，按照"立德树人、德育为先、知识为本、能力为重、注重发展"的总要求，坚持"以生为本、需求导向、突出实践、注重创新、多元培养"的基本理念和"传承创新、有效可行、整体优化、彰显特色"的基本原则，以优化课程体系、强化实践教学、加强创新创业教育为重点，创新人才培养体制机制，推动协同育人和实践育人，培养"品德优、基础实、能力强、素质高、善创新、能创业"的创新应用型人才。其次，科学确定培养目标和培养标准，我们根据国家经济社会发展需求和时代特点，针对教育教学中存在的突出问题，明确高师思政教育专业的培养目标是培养和造就"思想道德品质优、政治

---

① 教育部高等教育司：《高等教育教学改革》，高等教育出版社 2000 年版。

理论水平高、创新能力强""善思会说能教"的中等学校思想政治教育的创新型师资。在坚持"以师为本"的前提下，拓宽培养口径，兼顾就业多样化，培养出既能从事学校、机关、企事业单位的宣传思想工作又能从事行政管理工作的专业人才，在培养目标上"本末"关系不能倒置，更不能舍"本"逐"末"。在培养标准上，高等师范学校思想政治教育专业培养出来的合格教师，其知识结构应包括思政专业知识、相关学科的知识、广泛的科学文化知识，其能力结构应包括求知能力、分析和解决问题能力、口头和文字表达能力、社交能力、创新能力等，其素质结构应包括政治素质、思想品德素质、科学人文素质、审美素质、理论素养、身体心理素质等。知识结构、能力结构、素质结构这三方面的具体化和系统化，从整体上确定了思想政治教育专业的培养标准。与此同时，应在符合统一培养标准的的基础上促进良好个性的形成，在达到培养标准的情况下拓宽专业口径，形成各自的专业特长。再次，建立专业能力培养与课程设置映射关系，对照人才培养的标准要求，落实课程与能力之间的映射关系，即开设的每门课程都必须对应于知识、能力、素质培养的某一具体要求，提高课程的针对性，有效提升人才培养目标的达成度。最后，将创新创业教育融入人才培养全过程，学校在通识教育必修课部分，增开创业基础课程，在通识教育选修课部分，引入创新创业类在线开放课程，学生至少选修 2 个学分，在专业课程中设置创新创业教学模块，将创新精神、创业意识和能力的培养融入专业教学中，促进创新创业教育与专业教育的深度融合。

2. 开办"卓越教师实验班"

为了探索培养创新型人才的有效途径，我们根据《国家中长期教育改革和发展规划纲要（2010—2020）》提出的"牢固确立人才培养在高校工作中的中心地位，着力培养信念执着、品德优良、知识丰富、本领过硬的高素质专门人才和拔尖创新人才"的要求，适应新时期地方院校人才培养和基础教育改革的需要，从 2015 年开始开办了思想政治教育专业"卓越教师实验班"（Outstanding Teachers Term, OTT，简称"卓师班"）。"卓师班"旨在培养能够适应基础教育改革与发展需要，师德品质高尚、职业理想坚定、政治理论功底扎实、教育理念先进、教学能力突出，具有创新思维和创新能力的高素质中小学政治理论课程的教师。

"卓师班"采用个性化的培养方案和独特的管理方式和教学方式，具体做法是：在学生的选拔上，"卓师班"的学生以思想政治教育专业一年级学生为选拔对象，采用自愿报名的办法，初步遴选出进入实验班的学生人选，对初步遴选学生进行逐人面试，全面考查学生的职业理想、职业情感、职业行为和初步的从师能力，给出面试成绩，以面试成绩和第一学期成绩各占 50% 的比例给出综合成绩，根据综合成绩依次录取，每班 30 人。在"卓师班"的管理上，实行班主任负责制，全面负责实验班学生管理工作，遴选产生班委核心成员，指导班委成员分工合作，构建和谐稳定、团结奋进的班集体。在指导方式上，采用"理论导师"和"实践导师"相结合的"双导师制"指导方式，"理论导师"由校内相关院系遴选德才兼备的教师担任，"实践导师"聘请重点中小学、教研室等教育机构具有丰富教学经验、先进教学理念和创新能力的中小学老师和教育工作者担任，实验班每个学生同时配备"理论导师"和"实践导师"进行指导。在教学模式上，采用课内常规教学与课外个性化教学相结合的理论教学模式，常规教学使学生获得师范生从业应有的基本的教育教学和学科理论知识，在此基础上通过开设"特色课程"和组织"专题讲座"等手段实施个性化教学，使得学生具有较为全面的教育教学理论知识和更为广阔的视野。在实践教学上，采用校内微格训练与校外嵌入式培养相结合的实践教学模式。在校内，"做实"学生的微格教学，在专职教师带领下实验班学生逐人练好教学基本技能，做好教学设计和试讲工作；在校外，"做细"学生的见习实习，学生要密切联系校外导师，把见习实习工作"嵌入"到导师的教学工作方方面面，让学生成为导师的"影子"，把实践教学成效作为检验实践能力的"镜子"。目前，我们已开办两届"卓师班"，取得了较好的效果。

（二）加强课程与教学资源建设

课程与教学资源建设是专业建设的基础。我们根据思想政治教育专业培养"思想品德优、政治理论水平高、综合能力强""善思会说能教"的创新应用型人才目标，重点在以下几个方面进行了探索：

1. 积极探索构建学生综合素质发展、专业核心能力提升、实践创新能力培养的"平台＋模块"的开放式课程体系

在修订新的人才培养方案的过程中，我们对课程体系进行了较大的调整。思想政治教育专业设立通识教育、专业教育、综合教育、教师教育四个平台课程。每一平台课程由必修课模块和选修课模块组成。通识教育平台课程主要是加强人文精神和科学素养的贯通与融合，实现全面提高学生的思想道德素质、文化素质、科学素质和身心素质的培养目标。通修课设有思想政治理论课、英语、信息技术基础、体育、军事教育等；通选课设有人文与社会、科学与技术、艺术与人生、体育与健康、综合实践等。专业教育平台课程主要是加强专业知识教育，使学生掌握思想政治教育专业所具备的基本理论和基础知识。主要设有专业基础课、专业核心课、专业实践课、专业方向课和专业拓展课。综合教育平台课程主要是为了开阔学生知识面，拓展学生素质，满足学生个性、特长、兴趣和爱好。主要设有思想教育、发展指导、学术科技创新、文体活动、创业活动五个模块。教师教育平台课程主要是为了提高学生教育教学能力，主要设有教师教育必修课、限选课、任选课等，使课程体系更趋合理。为了将创新创业教育融入人才培养的全过程，在通识教育平台课程和专业教育平台课程中增加了创新创业教育课程，并规定了最低学分，努力促进创新创业教育与专业教育的深度融合。

2. 合理确定各类课程的比例，优化课程结构

首先，我们根据思想政治教育专业的特点，对专业基础课和专业核心课做了适当的调整，保证学生通过专业课的学习，掌握马克思主义基本理论，思想政治教育学科专业的理论前沿和发展动态，提升学生从事思想政治教育领域的教学、研究、管理工作的基本能力。其次，加大选修课的设置，特别是增大法学类课程和中国传统文化类课程。法学类课程方面，将原有的必修课法学概论，改为一门必修课（法理学）和三门选修课（宪法学、行政法学、民法学）。并把法学

专业作为思想政治教育专业的辅修专业，增强学生的法律素养。中国传统文化类课程方面，我们充分利用省级哲学社会科学重点研究基地——周秦伦理文化与现代道德价值研究中心和横渠书院的教学资源。开设了中国文化讲读、周秦文化研究、关学研究、周秦文化概要等课程。把基地和书院的科研成果应用于教学中，增强学生的历史文化素养。我们还在新的人才培养方案中设立了政治与法律、经济与管理两个应用型专业方向和一个学术型专业方向，以满足学生兴趣爱好和个性发展需求。

3. 实施精品课程带动战略

目前思想政治教育专业有四门精品课程，其中两门校级精品课程：马克思主义哲学和政治经济学；两门省级精品资源共享课：法理学和政治学。我们发挥精品课程的示范作用，带动课程建设，将两门省级精品课程内容上传至宝鸡文理学院学校精品课程网站，最大限度地实现了课程资源的共享和社会效益。作为在线课程，这两门课程的网页已经进行了多次更新，通过更新充实了内容，反映课程建设的最新成果，目前全部授课已经录成视频并上传至互联网。在课程建设规划方面，充分发挥学科平台在形成专业教育特色中的凝练作用，修订课程大纲，使所有课程达到了合格标准，校级重点课程达到了 8 门。我们根据新的人才培养方案，制定新的课程大纲，建立以主干课程为骨干的课程体系，保证主干课程达到优秀标准；形成满足学生多样化发展需要的课程体系；研制开发慕课、微课等网络课程，加强校级和省级精品资源共享课程和视频公开课的建设。在"十三五"期间，我们将进一步落实《宝鸡文理学院专业主干（核心）课程评估方案》，以评促建，引领和推动课程基本建设。加强课程信息化网络平台建设，总结法理学、政治学两门省级精品资源共享课程建设的经验教训，促进其他课程建设；严格执行新的课程大纲，不断改进课程教学，坚持教学中教师主导地位和学生主体地位相结合，改革教学方法和方式，实行启发式教学、互动式教学，调动学生学习的积极性，加强实践课程的开设和实践环节的落实，保证每个专业有一定数量的学生能力培养课程；加大创新创业教育力度，认真落实陕西省《关于实施高等学校创新创业教育推进计划的意见》和《宝鸡文理学院深化创新创业教育改革的实施意见》，推进创新创业教育课程体系建设。

目前，思想政治教育专业依托2014年获批的省级专业综合改革项目及其子项目，重点建设政治学课程群优秀教学团队和政治学和法理学省级精品资源共享课程，这两门课程网页已经在线开放，包括的教学资源主要有课程教案、课程大纲、课程视频、辅导答疑、试题测试、师资队伍、科研论著等。下一步准备申报思想政治教学论省级精品资源共享课程，前期准备工作正在紧锣密鼓地进行。

4. 拓展教学资源，搭建学生自主学习与创新平台

随着现代信息技术的普及，教育资源也呈多元化发展。与上述课程改革相适应，教学资源的建设必须做进一步的拓展，丰富教学资源，拓展知识视野。教学资源在信息化背景下已不再局限于过去概念上的一本书，从载体形式上看主要有纸质资源和电子资源。

纸质资源主要包括教材和图书资料。教材是教学内容和教学方法的知识载体，是进行教学的基本工具。我们一直非常重视教材建设：一是坚持选优原则，让优秀教材和规划教材优先进课堂，教学计划开设的课程原则上选用国家级出版社教材，主干课和专业基础课教材全部使用省部优教材、教育部规划教材和面向21世纪教材。目前"三优"教材的使用率已达到90%以上。二是坚持科学性原则，选用教材要与课程在教学计划中的地位和作用相适应，其内容必须符合教学大纲的要求，必须具备理论性和前瞻性，能较好地体现理论与实际相结合的特征。三是严格教材选用审批制度，教材选用必须由教研室主任组织教师共同研究，确定选用方案，经主管系主任批准和教务处审定后方能办理教材征订事宜。四是鼓励使用自编教材，在现有教材难以满足教学需要的情况下，相关教研室可以组织教学骨干编写教材，并支持其争取进入国家级教材出版发行计划。我们先后编写了《思想政治教学论》《周秦文化概论》等教材。其中《周秦文化概论》获2011年陕西普通高等学校优秀教材二等奖。图书资料方面，除学校图书馆资料外，我们还专门设有省级重点学科——马克思主义哲学资料室，省级哲学社会科学重点研究基地——周秦伦理文化与现代道德价

值研究中心资料室、横渠书院资料室等，为教学提供了丰富的图书资料。

电子资源主要包括多媒体课件、网络课程、多媒体素材、网络资源等，它最突出的特点是开放性、交互性、共享性、协作性和自主性。利用电子资源进行信息化教学的重点是强调以学生为中心，注重学生综合能力的提高。目前我们已开发有网络课行政法学、法理学、政治学，慕课周秦伦理文化概论，建有网站"周秦伦理文化与现代道德价值研究中心"和"横渠书院"，购置了部分电子资料，基本上能满足教学的需要。另外，在课程资源利用上，开放名师精品讲堂，一方面让学生走进名校课堂，学习网上"中国大学视频公开课""国家精品课程"等优质教学视频课程；另一方面将自己的优秀课程上传至互联网，推广专业改革的成果。

（三）深化教育教学方式改革

高等教育飞速发展和教育教学改革的日益深化对思想政治教育专业改革提出了转变教学理念、更新教学方法的要求。充分利用现代教育技术，强化实践教学，突出传统人文精神，重视能力培养，才能全面提高教育教学质量和人才培养质量。近年来，我们在以下几个方面进行了探索与实践：

1. 紧扣创新型人才培养目标，改革教学方法

科学的教学方法是调动学生学习积极性的重要工具。鉴于传统的"灌输式""填鸭式"教学方法的弊端，在改革教学方法方面，我们以建构主义课程观为指导，注重学习过程中学生主体作用的发挥，采用启发式教学法、案例教学法、互动对话式教学法、研究性教学法、个性化教学法、专题讨论法、换位教学法等多种开放式教学方式，培养学生的思维能力和创新素质，把激发学生的创新潜能、唤醒学生探究意识和创新渴望作为教育教学的重要任务，"坚持一个中心"，"实行三个结合"，"采用多种方法"，培养学生的创新精神。

"坚持一个中心"是指以改进课堂教学为中心。课堂教学始终是获得系统理论知识的最重要方式，也是进行素质教育的一个重要途径。教师应以改进课堂教学为中心，改变传统的单一灌输式教学模

式，加强教学双方的互动，充分调动学生的学习主动性和积极性，提高教学水平和教育质量。在教学内容上，坚持理论联系实际，始终做到"三个结合"。一是结合学生的思想实际，进行有针对性的教学。教师通过课内、课外的各种方式，深入了解当代大学生的人生经历和思想实际，以增强教学的针对性；全面了解大学生关注的社会热点以及疑惑和疑难问题，以增强教学的实效性。针对大学生的生活和思想实际，结合学生关心的重大理论和现实问题，精心设计教学内容，做到有的放矢，加大对学生的吸引力。二是政法结合，彰显政法的专业特色。为了满足社会的需求和人才自我发展的需要，也为了拓宽思想政治教育专业学生的择业渠道和社会工作的适应能力，我们对课程体系设置进行了大的调整，加大了法学课程比重，使思想政治教育专业的传统课程在改革中得到优化和加强。三是文理结合，努力拓宽学生知识面。结合社会科学、自然科学的最新理论成果进行教学，用最新理论成果丰富充实教学内容，以增强课程的说服力，提高学生的学习兴趣。我们实行文理结合、调整课程设置，增加理科课程的门数，在课程设置中，不仅将现代科学技术概论、自然辩证法和计算机应用基础作为学生的必修课，而且鼓励学生选修数学等学校公共选修课。

在完善课堂教学过程中，我们采取灵活多样、生动活泼的教学方式，主要实行启发式教学法、案例教学法、互动对话式教学、个性化教学、专题讨论法等多种开放式教学方式。启发式教学要求教师根据教学任务和学习的客观规律，从学生的实际出发，运用各种教学手段，启发学生独立思考，调动学生的学习主动性和积极性，使学生在学习知识、技能的过程中，不断提高创新能力和解决问题的能力。在马克思主义哲学原理的教学中，引入案例教学法，把生动鲜活的事例带入课堂，把理论和实际、抽象与具体结合起来，充分调动了学生的积极性，大大增强了马克思主义哲学原理教学的实效性。互动对话式教学是指师生之间、学生之间基于相互尊重、信任和平等的立场，通过交谈和倾听而进行双向沟通合作的方式，在对话中，教师与学生、学生与学生之间是一种民主、平等的双向交流关系，对话的目的不仅限于知识的获得，更在于了解和掌握知识获得的过程，形成与他人合作的意识，最终实现"学会学习""学会生存""学会认知""学会做人"。个性化教学要求教师对每一个学生的发展和兴趣方向有一个基本了解，侧重对学生个性发展的谋求，在教学中教师根据每个学生的具体情况充分发挥其主体性，推荐专业书籍进行阅读，拓展学生的知识面，培养学生的专业兴趣，让每个学生在自己的兴趣范围内自由地选择，针对不同的教学对象，教师采取不同的教学方法，建构适合每个学生的最佳教学环境。专题讨论法是在教师的指导下，由全班或小组成员围绕一个中心问题发表自己的看法，并进行相互学习的一种方法，为使抽象的理论学习生动而不枯燥，应有计划地组织学生进行专题讨论，这样既有利于师生之间交流思想，也有利于教师及时发现、解决教与学的问题，还能促使学生主动看书、关心国内外的时事，并学会认真思考，提高思维能力和认识水平，不仅使学生由被动的知识接受者转变为理论思考的参与者，而且很大程度上调动了学生的积极性，对培养学生的创新精神和创新能力具有重要意义。

2. 依托现代教育和现代信息网络技术，丰富课堂教学手段

在教学手段的更新上，我们努力适应现代教育技术水平的发展，不断探索运用新的现代化教学手段，增强课堂教学的感染力，提高实效性。现代化的教学手段具有形象生动、直观逼真、引人入胜的特点，它能够把抽象枯燥的理论以具体鲜明、生动的形式体现出来，教学形式生动活泼、寓教于乐，克服了"空洞说教"的弊端，使学生易于接受。借助现代教学媒体，在近现代史纲要和毛泽东思想和中国特色社会主义理论体系概论的讲授中，同步穿插相关知识背景的视频，如政论片《复兴之路》《邓小平》《正道沧桑》《居安思危》、历史片《林则徐》、纪录片《风云征途》等，让学生在更为逼真、形象的场景中，去体验知识演绎的过程。而且，教师可以利用现代化的教学手段，将更多的有关自然科学、社会科学成果及重大国内外事件的音像资料引入教学过程，为理论教学服务。

利用现代传媒广泛开展思想政治教育，增强主流意识形态的导向作用。在报纸、杂志、橱窗、广播、有线电视、数据库、网络等现代传播媒体的平台上掌握思想政治教育的主话语权，营造健康、乐观、

向上的文化氛围和舆论环境。例如，构建网上教育基地，利用网络资源和网络互动方式，组织主题教育活动，阐述教育理论；组织专家参与在线社会问题讨论，使理论在网络技术的调和下为人们所主动接受；利用网络的超时空性和隐蔽性等特征开展及时有效的心理咨询，为思想政治教育方法的有效实施创造纯净的心理空间。

3. 弘扬地方传统文化特色，提高学生人文素质

人文素质是人在社会化进程中即自我完善过程中起支配作用的核心素质，其核心是人文精神。中国传统文化中蕴含着极其丰富的人文精神。结合思想政治教育专业特点，我们以陕西高校哲学社会科学重点研究基地——周秦伦理文化与现代道德价值研究中心、横渠书院为依托，充分利用宝鸡地区周秦传统文化和张载关学思想的丰富资源，通过举办周秦文化和张载关学兴趣班，开办周秦文化和关学思想专题讲座，开设周秦文化教育和张载思想研究课程，组织学生实地参观、访问考察、社会调查，举办周秦文化学术沙龙等活动，加强传统文化教育，努力提高学生人文素质。研究和学习周秦文化和张载关学思想，不仅可以让更多的学生了解中国传统文化的源头和精华，提高学生对周秦文化及张载思想的现代鉴赏能力，发扬我国优秀的精神文明传统，促进适应新时期思想政治教育专业人才的全面发展，而且开创了传统文化研究的新开端，成为思想政治教育专业的鲜明特色。

4. 积极进行教育教学改革研究

我们鼓励和支持教师积极申报各级各类教改项目，以教改项目推动和落实教学改革，为教师教学改革项目的进行提供经费支持和各种便利。近3年来，我们获批校级教改项目8项，省部级教改项目6项，在教学成果的培育方面，我们积极主动发现并培育教学一线涌现出的突出成果，通过学习兄弟院校先进经验，并由校级教学名师和教育学校的专家给予理论指导，鼓励支持教师积极申报校级教学成果奖，并在教改实践中不断总结提升，做好申报更高层次教学成果奖的准备工作。

（四）积极构建实践育人的长效机制

思想政治教育专业是一个理论性很强的专业，同时也具有很强的

应用性和实践性，这就要求思想政治教育专业的教学必须结合社会实际，理论和实践相结合。因此，实践教学是提高思想政治教育专业学生实践创新能力和综合素质的重要途径，是培养思想政治教育专业人才不可或缺的重要环节。近年来，学界对高师院校思想政治教育专业的实践教学进行了广泛的讨论和研究，取得了丰硕的成果。学者对思想政治教育专业实践教学体系改革的必要性、主要内容、原则和思路、途径和模式、面临的困境、存在的问题、解决的对策诸多问题进行了探讨，提出了一些好的建议和思路，各个院校也在实践中不断探索，积累了一些经验。这为我们进一步搞好思想政治教育专业的实践教学体系改革提供了理论和实践上的指导。我们根据思想政治教育专业的特点，在以下几个方面积极探索了构建实践育人的长效机制：

1. 明确实践教学的目标体系，即实践认知、基本技能训练、应用能力训练、科研和创新能力训练

思想政治教育专业的实践教学，一方面使学生在实践中接受教育，树立正确的世界观、人生观、价值观，爱祖国、爱人民，坚定中国特色社会主义的理想信念；另一方面使学生在实践中增长才干，提高从事思想政治教育工作的教育教学能力、管理能力，培养敏锐的观察能力和理论联系实际的能力，培养初步从事科学研究和创新能力。

2. 修订2013年版思想政治教育专业人才培养方案，改革实践教学课程设置

我们在修订新的人才培养方案过程中，调整了理论课程与实践课程的比例，增大了实践教学课程设置比重，实践课程的比例达到总学时的15%以上。主要的实践教学环节有：入学教育与军训、公益劳动、实践课程、学年论文、教师口语、微格教学、专业见习、教育实习、毕业论文、毕业教育等。

3. 构建全程实践教学体系，坚持实践教学四年不断线

从纵向来说，根据思想政治教育专业的特点，每学年每学期安排不同形式的实践教学，比如大一的军训、大二的专业见习、大三的学年论文、大四的教育教学实习和毕业论文等。从横向来说，既有课内与课外实践活动的结合，又有校内与校外实践活动的渗透；既有社会

调查、生产劳动、勤工助学，又有志愿服务、公益活动、创新创业等活动。实现了社会实践与专业学习相结合、与服务社会相结合、与勤工助学相结合、与择业就业相结合。

4. 开展各种形式的校园实践活动

思想政治教育专业培养的毕业生大多数是从事与人有关的工作，必须要有好的口才，能说会道。我们根据"善思会说能教"的培养目标，开展各种形式的校园实践活动。首先是强化课堂实践教学环节，运用现代教育技术手段，把案例分析、课堂讨论、辩论、对话等形式贯穿到教学中，增强课堂的实效性。其次是开展各种形式的课外实践活动，在大一、大二学生中坚持课前 1 分钟演讲，每年在全校举行班级辩论挑战赛，锻炼学生的口才。举办"金秋杯"辩论赛、校园歌手大赛、"靓声新主播，展我真风采"主持人大赛、书法绘画摄影大赛、手工制作大赛、科技创新大赛、创办《政法论坛》《院内纵横》，为学生提供施展才华的平台。通过丰富多彩的第二课堂活动，促进学生动脑、动口、动手能力的提高。

5. 建立长期稳定的实习基地

思想政治教育专业有两大实习基地，一个是思想政治理论课实践基地，另一个是教育教学实践基地。①建设长期稳定的思想政治教育实践基地是我们的一个重要特色。2009 年以来，学校与校外单位签订合作协议，建设实习基地，到 2016 年建立了 30 多个思想政治教育实践基地。其中有爱国主义和革命传统教育的纪念馆、陵园，如习仲勋陵园、苏武纪念馆、于右任纪念馆、于右任故居、扶眉战役烈士纪念馆、宝鸡市宝天铁路烈士纪念碑管理处等；有新农村建设的典型，如宝鸡东岭村、岐山岐星村、礼泉袁家村等；有城市文明社区、工矿企业等。学校每年召开一次思想政治教育实践基地建设工作会议，邀请基地负责人和基地辅导员参加会议，相互交流、共商基地建设大事。目前已召开 6 届工作会议，使基地进一步巩固和扩大。②2000 年以来，学校与省内 130 多个中小学签订合作协议，建设教育教学实践基地，学校也是每年召开一次教育教学实践基地工作会议，目前已召开 16 届，使教育教学实践基地进一步壮大和巩固。通过这两大实习基地，学生进一步了解了历史、社会、国情、形势，培养了分析问题、解决问题以及教育教学的能力，提高了综合素质。

经过多年来的探索与实践，我们初步构建起以创新应用型人才培养为目标，以课堂实践、校园实践、社会实践为主要内容的实践教学体系，在激发思想政治教育专业学生学习兴趣、坚定信念、提高能力、增强素质方面发挥了重要的作用。

（五）积极构建创新创业教育体系

我们以培养创新应用型人才为定位，坚持创新引领创业、创业带动就业，主动适应经济发展新常态，以推进素质教育为主题，多举措推进创新创业教育，初步形成集课堂教学、自主学习、综合实践、指导帮扶、文化引领为一体的创新创业教育体系。

首先，学校加大创新创业教育经费支持，把创新创业教育与专业教育紧密融合起来，形成较为完备的创新创业教育与专业教育融合的人才培养体系，构建了"通识教育 + 专业教育 + 集中实践 + 创新创业教育"的课程体系。积极培训创新创业师资队伍，选派教师参与校内外各种创新创业师资培训，并联合行业企业建立"创业双导师制"，引进知名企业家担任创业导师，鼓励全校教师开展创新创业研究和教育，并根据创新创业教学及研究成果予以政策及经费支持。其次，我们以创新创业竞赛项目为依托，加强创新创业平台及基地建设，2015年9月，首先建立校内创业教育实践基地，基于第二课堂每月开展两次创新创业教育实践活动，参与学生人数累计达到300人次，目前累计培养3支创业团队，带动30余名学生就业，其中1个项目付诸实施，2016届毕业生薛白院与程念波成立的宝鸡市快点传媒有限责任公司成为政法学院大学生创业孵化基地之一。2016年我们与校外企业合作，建立校外创新创业实训基地，围绕创新创业课程实训、课程研发等多个方面开展深度合作。通过构建"校内竞赛 + 校外实践"的创新创业训练计划体系，以各类型创新创业竞赛为依托，开展创新创业教育及创业服务，鼓励学生积极参加各类创新创业竞赛，增强学生创新实践能力，育人效果明显。投身创业实践的学生显著增加，学生的创新精神、创业意识和创新创业能力明显增强。目前，政法学院学生积极参加各类创新创业大赛，2013 年以来共立项国家级"大创"项目 1 项，省级"大创"项目 3 项，校级"大创"项目 8 项，校级创新创业大赛奖项 4 项，创新创业教育对提高人才培养质量的贡献度明显提升。

（六）积极推进教学管理体制改革

教学管理是实现人才培养目标的重要保障。为了探索管理育人的教学管理体制。我们从更新教育观念，提升教学管理人员的整体素质，建立健全教学管理制度，完善教学质量监控体系几个方面采取了措施。

1. 更新教学管理理念，提升教学管理人员的整体素质

教学管理理念是教学管理的基础。要改变传统行政型教学管理，强调育人意识、服务意识、创新意识，把适应性思维范式作为教学管理的指导思想。近年来，随着高等教育的快速发展，在高校教学管理队伍中出现了一系列问题，如教学管理队伍的建设还没有得到充分的重视，教学管理干部交替频繁，管理干部的素质结构和水平、教育思想的观念还不能适应现代高等教育快速发展的要求。

因此，我们稳定教学管理队伍，通过各种政策和制度吸引专业人才积极投身于教学管理；改变教学管理人员凭经验管理的现状，培训教学管理人员，通过学习教育学、心理学、教育管理学等专业知识，系统地学习和掌握教学管理的基本要义，以便从理论上、教学规律上更好地把握教育工作和教学改革建设，牢固树立管理服务于教学、管理服务于育人、教育实践服务于育人的教学管理理念，提升教学管理人员的整体素质。

2. 建立健全教学管理制度

我们一直重视教育教学制度建设，坚持制度管事、制度管人。已经制定出台了《政法学校专业建设发展规划》《政法学校教学管理办法》《政法学校新任教师上岗资格考核制度》《政法学校强化教学质量管理、提高教学质量的措施和办法》《政法学校实践教学大纲》《政法学校课堂考勤管理办法》等 20 多个教学管理的相关规定和制度。这些管理规定的制定有力地保证了教学活动的有序开展和教学质

量的稳定提高。制度需要与社会发展、专业发展相协调，我们根据思想政治教育专业发展的新形势，继续制定与完善相关教学管理制度，为实现人才培养目标提供保障。

3. 完善教学质量监控体系

在教学质量监控的目标体系方面，首先，明确思想政治教育专业的人才培养目标。在大量调研的基础上，我们对 2013 年版的人才培养方案做了较大的修订，把培养"思想道德品质优、政治理论水平高、综合能力强""善思会说能教"的创新应用型人才作为目标。其次，完善人才培养条件。制定并组织实施新的教学大纲，每位教师根据新的人才培养方案对所带课程的教学大纲重新进行了修订。最后，加强教材建设。我们要求教师选用"三优"教材，即国家规划教材、面向 21 世纪教材、省部级优秀获奖教材。同时，注意教材使用的稳定性与连续性，专业基础课和主干课程教材的使用年限规定为三年。教师个人编写的教材必须经学校教务处批准后方可纳入教材使用计划。

在人才培养过程监控方面，首先，加强课堂教学质量的检查与监控。包括：备课检查，围绕是否完成了备大纲、备教材、备教学对象等工作来展开；课程基本要求的检查，围绕教师是否划出重点章节、难点、疑点，是否妥善处理了先后内容间的衔接工作，是否合理地组织了教学内容和设计教学方法等方面展开；教学进度检查，围绕教学进度计划和教案讲稿的撰写情况展开；授课检查，重点监控教学态度、讲授内容、讲授方法等情况，并按听课评价要求做出评价。其次，强化实践性教学环节的监控。这方面主要涉及教学实践活动能否使学生们增长见识、提高能力，能否较好地实现理论与实践相结合等方面。

在教学质量监控的组织体系建设方面，由院长、党总支书记、院办公室、教研室组成了教学质量监控组织保证体系。主管教学的副院长负责每一个学期的教学任务的下达、教学进度计划的审批、教学质量等级的评定等。教研室负责教案、讲稿等备课质量检查，组织听课及评课活动，定期开展教学研究活动等。院办公室负责教学管理制度的执行、教学文件档案材料的收集和整理、课堂教学质量评价数据的统计分析、学生评教活动的组织安排等。党总支书记积极参与教学工作的决策、执行及检查工作，并做好思想政治工作和协调工作。

在教学质量监控的制度体系方面，首先，建立教学质量检查制度。主要包括四种检查制度：一是教学日常检查制度。由院办公室教学管理人员组成教学日常检查工作小组，每天对教师的教学工作进行常规性检查并记录，要求教师上课签到，学生对教师上课进行考勤，并填写有关表格存档。二是定期检查制度。进行学期初、期中、期末教学检查。三是专项检查制度。开展实践教学专项检查、授课计划执行与进度情况检查、试卷命题质量与试卷批改的检查等。四是随机检查制度。由院领导协同有关专家对教师授课的教案、学生的作业等进行抽样检查。其次，建立教学质量监督制度。包括：①听课制度。实行学校领导、学校教学质量监督检查小组、院领导、同行教师相结合的听课制度。②"教师评教"和"教师评学"制度。在期中教学检查中，以教研室为单位，教师互相听课，并进行"教师评教"和"教师评学"。为此，院教学质量监督领导小组专门编制了"教师评教"活动记录表和"教师评教"测评表格，规范"教师评教"和"教师评学"活动，以真正达到教学质量监控的目的。最后，实行定期召开教学工作会议制度。每月召开一次教学工作例会，研究讨论教学质量方面存在的问题及改进措施，总结教学质量监控的经验教训等。

在教学质量监控的社会评价体系建设方面，基于开放式的办学方针，把毕业生质量跟踪调查、用人单位意见反馈也列入教学质量监控的日常工作，并通过有效途径，特别是利用计算机互联网络，收集用人单位对教学质量的反馈信息，以进一步完善人才培养方案。

总之，我们在思想政治教育专业综合改革中，创新人才培养模式，加强课程与教学资源建设，改革教学方式，强化实践教学和创新创业教育，加强教学管理，实现了人才培养目标，彰显了思想政治教育专业建设的特色。

四　思想政治教育专业人才培养工作特色

思想政治教育专业经过多年的建设和发展，在人才培养方面初步形成了"四个结合"的特色。

（一）专业教育与弘扬地域传统文化相结合

我们在教学过程中，根据思想政治教育专业特点，把专业教育与弘扬地域传统文化结合起来，取得了明显的效果。宝鸡是周秦文化的发源地和张载关学的故乡，历史文化积淀厚重，我们依托陕西省（高校）哲学社会科学重点研究基地——周秦伦理文化与现代道德价值研究中心和横渠书院，加大地域传统文化进课堂、进讲坛的工作力度，使中国优秀传统文化深深渗入到人才培养的主阵地、主渠道，使之实现与人才培养重要环节的有效结合，这也成为宝鸡文理学院的一个办学特色。2008 年，宝鸡文理学院获"教育部普通高校本科教学工作水平评估优秀学校"，专家一致认为"注重把周秦伦理文化之精华运用于人才培养，提高综合素质"是我校的鲜明办学特色。

（二）培养理论思维、创新精神与训练实践技能和创新能力相结合

我们在专业教学中，一方面注重学生专业理论知识的获得和理论思维、创新意识的养成；另一方面根据高等教育由精英教育向大众化教育转变的新形势，调整人才培养目标，由过去培养高级专门人才转为培养创新应用型人才。因此，在教学实践中，我们从"培养什么人、怎样培养人"的高度强化实践教学，注重学生实践创新能力的训练，采取一系列措施，特别是建立长期稳固的专业实践基地和创新创业实践基地，提高学生的实践创新能力，实现理论与实践的有机结合，达到我们培养创新应用型人才的目标。

（三）政治教育与法制教育相结合

思想政治教育的鲜明特点是其政治性强，我们在专业改革中通过各种方式使学生树立正确的世界观、价值观、人生观，坚定中国特色

社会主义的理想、信念，树立对中国特色社会主义理论、中国特色社会主义道路、中国特色社会主义制度、中国特色社会主义文化的信心。同时，适应全面依法治国的需要，我们充分利用法学专业和法学研究所的教学资源，在教学过程中加大了法学课程的比重，实现了政法贯通，提高了学生的政治法律素养。

（四）专业建设与服务地方相结合

专业建设要适应经济社会发展的需要，我们在教学实践中，把服务地方作为重要方向。一是服务宝鸡基础教育。我们和教育教学实习基地学校建立密切联系，在中学政治课改革中相互交流，共同研讨课改中的问题，促进中学的新课改。二是参与宝鸡市各种咨询、培训工作。有多名教师被聘请为宝鸡市政府法律顾问，与宝鸡市公务员局建立合作，每年对新入职的公务员进行培训。三是积极参与宝鸡市的文化建设。我们利用周秦伦理文化与现代道德价值研究中心、横渠书院的研究成果为发展地域文化提供咨询、论证、指导，为区域哲学社会科学的繁荣与发展做出了突出的贡献。

参考文献

一 著作

[1] 陈燮君：《学科学导论——学科发展理论探索》，生活·读书·新知三联书店 1991 年版。

[2] 陈振明：《政策科学：公共政策分析导论》，中国人民大学出版社 2004 年版。

[3] 戴钢书：《德育环境研究》，人民出版社 2002 年版。

[4] 《邓小平文选》第 1—2 卷，人民出版社 1994 年版。

[5] 菲利普·G. 阿特巴赫：《比较高等教育，知识、大学与发展》，人民教育出版社教育室译，人民教育出版社 2001 年版。

[6] 顾明远：《教育大辞典》，上海教育出版社 1992 年版。

[7] 顾明远、孟繁华：《国际教育新理念》，海南出版社 2003 年版。

[8] 国家教育委员会政策法规司编：《十一届三中全会以来重要教育文献选编》，教育科学出版社 1992 年版。

[9] 胡光等：《自然辩证法教程》，吉林人民出版社 2005 年版。

[10] 季银泉：《课程与教学论》，南京大学出版社 2009 年版。

[11] 《江泽民文选》第 1—3 卷，人民出版社 2006 年版。

[12] 姜正国：《思想政治教育环境论》，湖南师范大学出版社 1999 年版。

[13] 教育部社会科学司：《普通高校思想政治理论课文献选编（1949—2008）》，中国人民大学出版社 2008 年版。

[14] 教育部思想政治工作司：《加强和改进大学生思想政治教育重要文献选编（1978—2008）》，中国人民大学出版社 2008 年版。

[15] 康翠萍：《一种分析范式：中国高等教育政策研究》，人民出版

社 2010 年版。

［16］李钢：《公共政策内容分析方法：理论与应用》，重庆大学出版社 2007 年版。

［17］廖哲勋：《课程学》，华中师范大学出版社 1991 年版。

［18］林聚任著，刘玉安主编：《社会科学研究方法》，山东人民出版社 2004 年版。

［19］林闽钢：《中国社会政策》，武汉大学出版社 2011 年版。

［20］《马克思恩格斯选集》第 1—4 卷，人民出版社 1995 年版。

［21］迈克尔·W. 阿普尔：《意识形态与课程》，黄忠敬译，华东师范大学出版社 2001 年版。

［22］《毛泽东文集》第 7 卷，人民出版社 1999 年版。

［23］《毛泽东选集》第 1—4 卷，人民出版社 1991 年版。

［24］庞青山：《大学学科论》，广东教育出版社 2006 年版。

［25］秦在东：《思想政治教育管理论》，湖北人民出版社 2003 年版。

［26］沈壮海：《思想政治教育的文化视野》，人民出版社 2005 年版。

［27］宋锡辉等：《现代思想政治教育专业建设研究——以师范类本科专业为对象》，人民出版社 2010 年版。

［28］孙绵涛：《教育政策分析，理论与实务》，重庆大学出版社 2011 年版。

［29］王茂胜：《思想政治教育评价论》，中国社会科学出版社 2006 年版。

［30］王骚：《公共政策学》，天津大学出版社 2010 年版。

［31］王树荫、王炎：《新中国思想政治教育史纲》，人民出版社 2010 年版。

［32］卫道治、沈煌峰：《人·关系·文化——教育社会学观略》，湖南教育出版社 1988 年版。

［33］温兆标：《大学生主流意识形态教育创新研究》，中国文史出版社 2013 年版。

［34］吴潜涛：《高校思想政治教育的理论与实践》，人民出版社 2012 年版。

[35] 谢维和、王孙愚：《学位与研究生教育，战略与规划》，教育科学出版社 2011 年版。

[36] 谢晓娟：《当代思想政治教育若干问题研究》，中共中央党校出版社 2012 年版。

[37] 邢媛：《研究生教育卓越质量管理研究》，南开大学出版社 2011 年版。

[38] 许红：《中美研究生培养模式比较研究》，四川大学出版社 2010 年版。

[39] 许启贤：《中国共产党的思想政治教育史》，中国人民大学出版社 1999 年版。

[40] 杨德广：《高等教育学概论》，华东师范大学出版社 2010 年版。

[41] 杨绍安：《现代思想政治教育学原理》，西南交通大学出版社 2013 年版。

[42] 杨素琴等：《创新教育：学校内涵发展探索》，浙江大学出版社 2012 年版。

[43] 杨振斌：《探索与创新 2010——研究生思想政治教育工作的启示》，中国统计出版社 2012 年版。

[44] 殷凤春：《自主创新人才评价与提升》，南京大学出版社 2013 年版。

[45] 岳金霞：《思想政治教育环境优化研究》，中国石油大学出版社 2007 年版。

[46] 张华：《课程与教学论》，上海教育出版社 2000 年版。

[47] 张健：《中国教育年鉴（1949—1981）》，中国大百科全书出版社 1984 年版。

[48] 张澎军：《思想政治教育学科建设研究》，人民出版社 2014 年版。

[49] 张晓红、苗月新、南荣素：《创新人才培养模式研究》，经济科学出版社 2012 年版。

[50] 张秀荣、韦磊《高校思想政治教育研究热点问题》，北京师范大学出版社 2010 年版。

［51］张耀灿：《思想政治教育学前沿》，人民教育出版社 2006 年版。

［52］张耀灿、郑永廷：《现代思想政治教育学》，人民出版社 2006 年版。

［53］张耀灿等：《现代思想政治教育学》，人民出版社 2006 年版。

［54］张志安：《思想政治课教学研究》，山东电子音像出版社 2004 年版。

［55］张志胜：《创新思维培养与实践》，东南大学出版社 2012 年版。

［56］张志勇：《创新教育中国教育范式的转型》，山东教育出版社 2007 年版。

［57］赵刚、孙健：《自主创新的人才战略》，科学出版社 2007 年版。

［58］赵金元：《思想政治教育专业建设与教学改革研究》，云南大学出版社 2009 年版。

［59］赵康太：《当代思想理论教育前沿问题纵横》，武汉大学出版社 2007 年版。

［60］《中国共产党历次党章汇编 1921—2002》，中国方正出版社 2006 年版。

［61］中国研究生院院长联席会：《探索与创新——中国研究生院建设与发展研究》，高等教育出版社 2007 年版。

［62］中华人民共和国教育部办公厅：《教育文献法令汇编（1957）》，人民教育出版社 1958 年版。

［63］中华人民共和国教育部高等教育司：《研究性学习和创新能力培养的研究与示范》，高等教育出版社 2010 年版。

［64］钟秉林：《中国大学改革与创新人才教育》，北京师范大学出版社 2008 年版。

［65］周希贤：《思想政治教育与创新人才培养研究》，西南师范大学出版社 2011 年版。

［66］周耀烈：《思维创新与创造力开发》，浙江大学出版社 2008 年版。

［67］Elias. J. Moral Education, "Secular and Religious", Robert E., Krieger Publishing Co., Inc., 1989.

［68］Young. M. F. D. , Knowledge and Control，*New Directions for the Sociology of Education*，London：Collirer Macmillan，1971.

二 期刊

［1］白显良：《改革开放以来思想政治教育学科定位的回顾与思考》，《思想理论教育》2009 年第 5 期。

［2］白显良：《思想政治教育学科建设研究综述》，《思想理论教育导刊》2007 年第 4 期。

［3］白显良：《用科学发展观指导思想政治教育学科建设》，《思想教育研究》2007 年第 1 期。

［4］柏必成：《政策变迁动力的理论分析》，《学习论坛》2010 年第 9 期。

［5］鲍嵘：《学科的制度及其反思》，《学位与研究生教育》2006 年第 7 期。

［6］边和平：《高校思想政治理论课教材建设的历史考察》，《中国成人教育》2011 年第 6 期。

［7］车如山、季红波：《应用型创新人才之概念解析》，《高校教育管理》2015 年第 1 期。

［8］陈洪涛、张耀灿：《新中国成立以来高校思想政治理论课教师队伍建设相关政策发展研究》，《学校党建与思想教育》2009 年第 7 期。

［9］陈晓文：《基于知识的创新型人才培养研究》，《中南林业科技大学学报》（社会科学版）2008 年第 3 期。

［10］川聂冬、支希哲：《中美高校创新人才培养比较分析》，《西北工业大学学报》（社会科学版）2011 年第 3 期。

［11］戴锐：《论思想政治教育学科建设的十大关系》，《思想政治教育研究》2010 年第 6 期。

［12］方文：《后学的养成、评价和资助》，《中国社会科学》2002 年第 3 期。

［13］冯刚、骆郁廷：《思想政治教育学科发展 30 年的回顾与展望》，《思想理论教育导刊》2014 年第 7 期。

［14］符成彦、林探、吴昊：《构建特色校园文化育人载体，促进创新人才培养——以海南大学以学术科技活动为核心的特色校园文化建设为例》，《科技信息》2008 年第 14 期。

［15］傅佩缮：《研究生专业方向视域中的马克思主义理论与思想政治教育学科建设问题》，《学校党建与思想教育》2005 年第 3 期。

［16］甘玲：《基于人才评价体系的高校人才培养模式研究》，《中国成人教育》2015 年第 2 期。

［17］高立伟、郑大俊：《思想政治教育研究方法论研究述要》，《思想理论教育导刊》2011 年第 2 期。

［18］教育部社会科学研究与思想政治工作司：《关于对普通高等学校"两课"教材进行质量评估的通知》，《思想理论教育》2000 年第 9 期。

［19］郭宏：《弘扬人文精神凸显专业特色——吉林师范大学思想政治教育专业国家级特色专业建设点发展概览》，《吉林师范大学学报》（社会科学版）2008 年第 4 期。

［20］侯丽京、王黎：《论高校人才的柔性管理》，《长春工业大学学报》（高教研究版）2008 年第 2 期。

［21］胡晓伶、胡斌武：《新中国成立后高校思想政治理论课程教材建设述略》，《当代教育论坛》2006 年第 12 期。

［22］贾廷秀：《思想政治教育专业实践教学体系改革研究》，《长江大学学报》（社会科学版）2012 年第 7 期。

［23］姜建成：《加强思想政治教育学科建设应重视处理的几个关系》，《山西师大学报》（社会科学版）2010 年第 6 期。

［24］康翠萍：《标准、方法与程序：高等教育政策分析若干规范旨要》，《现代教育管理》2011 年第 7 期。

［25］李安增、刘洪森：《高师思想政治教育专业课程体系改革的原则与思路》，《社科纵横》2012 年第 4 期。

［26］李春晓：《我国高校人才培养模式的创新》，《中国管理信息化》2015 年第 9 期。

［27］李军良：《论创造型人才的培养》，《中国冶金教育》1999 年第 6 期。

［28］李梁：《新中国成立以来高校思想政治理论课教材建设的探索历程和基本经验》，《思想理论教育导刊》2010 年第 1 期。

［29］李辽宁：《思想政治教育学科规范建设有关问题的思考》，《思想理论教育导刊》2012 年第 8 期。

［30］李湘健、徐少亚、顾德雯：《高校创新人才培养质量的影响因素及其思考》，《大学教育科学》2004 年第 3 期。

［31］李晓辉：《高校思想政治教育学科本科教学状况分析》，《学校党建与思想教育》2009 年第 11 期。

［32］李远贵：《论高校创新人才的培养》，《重庆交通大学学报》（社会科学版）2007 年第 4 期。

［33］廖益等：《论学科考业评价的目的、类型和作用》，《现代教育论从》2007 年第 5 期。

［34］林泰：《马克思主义理论与思想政治教育的学科特色》，《重庆邮电学院学报》（社会科学版）2005 年第 3 期。

［35］林泽炎、刘理晖：《我国高校培养创新人才的现状与对策建议》，《决策咨询通讯》2008 年第 1 期。

［36］刘辉：《中国人民大学与建国初高校"新民主主义论"、"中国革命史"课程的开设》，《教学与研究》2008 年第 11 期。

［37］刘建军：《思想政治教育学科建设》，《思想理论教育》2007 年第 8 期。

［38］刘伟伟：《我国研究型大学创新型人才培养的成就与问题》，《中国电力教育》2010 年第 7 期。

［39］罗洪铁、周琪：《文化环境：思想政治教育运行的新视界》，《马克思主义研究》2007 年第 3 期。

［40］罗吉：《关于高等师范院校思想政治教育专业实践性教学的思考》，《黑龙江教育》2009 年第 12 期。

［41］罗建平：《高校思想政治理论课学科建设与课程建设关系考论》，《思想理论教育导刊》2008 年第 8 期。

［42］骆郁廷：《思想政治教育学科发展的新趋势》，《思想理论教育导刊》2009 年第 3 期。

［43］马少红：《论创新人才培养与成长的若干共有条件》，《思想教育研究》2005 年第 11 期。

［44］毛禹功：《高等学校学科建设规划与系统工程》，《学位与研究生教育》1997 年第 5 期。

［45］梅荣政：《加强马克思主义理论与思想政治教育博士点建设》，《思想理论教育导刊》1999 年第 10 期。

［46］苗丽、都业红：《创新型人才培养中的障碍因素分析与对策研究》，《今日科苑》2009 年第 16 期。

［47］彭柏林、张海霞：《思想政治教育专业实践教学体系构建的原则和思路》，《云梦学刊》2011 年第 1 期。

［48］彭继红、伍屏芝：《前移后拓——构建师范大学思想政治教育专业四年连续性实践教学体系初探》，《当代教育论坛》2012 年第 5 期。

［49］乔学斌、胡广来：《对加强思想政治教育学科建设的几点思考》，《江苏高教》2011 年第 5 期。

［50］秦在东：《思想政治教育学科发展问题之我见》，《思想政治教育研究》2010 年第 3 期。

［51］秦正为、秦正良：《市场经济条件下思想政治教育专业人才培养模式的构建》，《山东科技大学学报》2012 年第 2 期。

［52］邱柏生：《试析思想政治教育专业建设的有关问题》，《思想教育研究》2012 年第 9 期。

［53］佘双好：《思想政治教育的科学研究现状、特点及发展趋势探析》，《思想理论教育导刊》2009 年第 10 期。

［54］石云霞：《关于制订马克思主义理论与思想政治教育专业硕士学位研究生培养方案的原则之思考》，《学位与研究生教育》1998 年第 4 期。

［55］宋俊成：《高校思想政治教育学科政策研究中的几个重要概念辨析》，《思想政治教育研究》2014 年第 10 期。

[56] 宋俊成，杨连生：《改革开放以来高校思想政治教育学科政策变迁特点分析》，《思想理论教育导刊》2013 年第 8 期。

[57] 宋俊成、杨连生：《高校内部思想政治理论课程组织设置及其管理体制变迁——以政策文本分析为视角》，《广西社会科学》2014 年第 11 期。

[58] 宋俊成、杨连生：《论高校思想政治教育的学科基础——以学科政策文本分析为视角》，《高等农业教育》2014 年第 9 期。

[59] 宋锡辉、宋余庆：《高校优势学科特色专业培育研究之我见——以思想政治教育专业建设为例》，《学理论》2010 年第 12 期。

[60] 苏娜、陈士俊：《当前我国高等学校学科建设若干问题的理论思考》，《学位与研究生教育》2008 年第 11 期。

[61] 孙迪亮、李安增：《论高师政教专业课程体系的重建目标》，《遵义师范学院学报》2012 年第 3 期。

[62] 孙绵涛：《关于教育政策内容分析的探讨——以中国 1978 年后教育体制改革政策内容的分析为例》，《教育研究与实验》2007 年第 3 期。

[63] 孙其昂：《论思想政治教育学科的系统构建》，《思想教育研究》2010 年第 3 期。

[64] 孙其昂、叶方兴：《论思想政治教育的社会性》，《学校党建与思想教育》2013 年第 2 期。

[65] 汤志华、曾美玲：《思想政治教育国家特色专业课程设置和建设的思考——以国家特色专业建设点广西师大思想政治教育专业为例》，《高等函授学报》2011 年第 10 期。

[66] 汤志华、苏威：《思想政治教育国家特色专业建设略析——以广西师范大学思想政治教育专业为例》，《继续教育研究》2012 年第 3 期。

[67] 田岐立：《改善思想政治教育专业师范生教育技能的路径》，《科教导刊》2012 年第 4 期。

[68] 王舵、陈勇、杨静：《高等师范院校思想政治教育专业教育实习研究》，《新西部》2008 年第 10 期。

［69］ 王嘉、戴艳军：《高校思想政治理论课师资建设需处理好四个关系》，《江苏高教》2012 年第 3 期。

［70］ 王建华：《高等教育学的演进——学科制度的视角》，《清华大学教育研究》2003 年第 1 期。

［71］ 王树荫：《中国共产党思想政治教育理论研究需要明确的六个关系》，《思想理论教育导刊》2009 年第 3 期。

［72］ 魏小锐、李阳苹、赵维俭、陈杨杨：《面向应用型人才培养的校企联合实验室建设与实践》，《实验室研究与探索》2015 年第 2 期。

［73］ 魏晓文、田志闯：《论马克思主义理论学科建设与思想政治理论课建设的和谐关系》，《思想理论教育》2011 年第 3 期。

［74］ 温皓、袁中树：《智识教育，创新高校人才培养之思》，《黑龙江高教研究》2010 年第 12 期。

［75］ 文丰安：《高校人才创造力挖掘、培养的困境与出路》，《社会科学家》2010 年第 7 期。

［76］ 吴敏：《我国高校培养创新型人才的基本思路》，《中国校外教育》2011 年第 12 期。

［77］ 吴庆宪、樊泽恒：《多维度谋求创新人才培养新突破》，《中国大学教学》2012 年第 2 期。

［78］ 武京闽：《马克思主义理论与思想政治教育专业博士生培养工作座谈会纪要》，《教学与研究》1997 年第 7 期。

［79］ 夏鲁惠：《论创新人才培养要把握的几个关系》，《资治文摘》（管理版）2009 年第 1 期。

［80］ 肖陆军：《高校思想政治教育专业课程体系改革探析》，《黑龙江史志》2009 年第 15 期。

［81］ 肖楠、杨连生：《大学学科文化的知识生产功能及其表现与障碍》，《学位与研究生教育》2012 年第 1 期。

［82］ 谢万如：《浅谈高校学生创新能力的培养》，《网络财富》2008 年第 10 期。

［83］ 熊丙奇：《高校创新人才培养的两大误区及调整策略》，《中国

高等教育》2008 年第 5 期。

[84] 熊万胜：《论政治互动的类型》，《华东理工大学学报》（社会科学版）2004 年第 2 期。

[85] 徐波：《约束我国高校创新人才培养的制度因素》，《现代教育管理》2009 年第 8 期。

[86] 宣勇：《论大学学科组织》，《科学学与科学技术管理》2002 年第 5 期。

[87] 杨博惠、胡纵宇：《国际视野下高校创新人才培养的特点及规律研究》，《科教导刊》2011 年第 2 期。

[88] 杨美新：《博士点招生方向与思想政治教育学科建设刍议》，《思想理论教育导刊》2012 年第 6 期。

[89] 杨瑞森：《马克思主义理论与思想政治教育专业博士点建设若干问题的思考》，《思想理论教育导刊》1999 年第 8 期。

[90] 姚聪莉、任保平：《国外高校创新人才的培养及对中国的启示》，《中国大学教学》2008 年第 9 期。

[91] 尹晨曦：《微时代创新型高校人才就业培养模式探索》，《合作经济与科技》2015 年第 3 期。

[92] 袁华：《大众化教育背景下高等教育师范实践教学体系构建——以思想政治教育专业为例》，《韶关学院学报》2011 年第 3 期。

[93] 张德才：《深化教学改革努力打造教师教育特色专业——以牡丹江师范学院思想政治教育专业改革为例》，《牡丹江师范学院学报》2008 年第 4 期。

[94] 张德友：《综合性大学思想政治教育（师范类）专业教学改革研究》，《青岛大学师范学院学报》2006 年 4 期。

[95] 张光辉：《大学治理体系现代化，语境、诉求与路径》，《河南师范大学学报》（哲学社会科学版）2015 年第 2 期。

[96] 张辉、焦岚、李颖：《创新型人才的剖析和塑造》，《黑龙江高教研究》2012 年第 6 期。

[97] 张慧玲：《基础教育课程改革背景下的思想政治教育专业》，《宁波大学学报》（教育科学版）2007 年第 4 期。

［98］ 张雷声：《马克思主义方法论与思想政治理论课教学》，《思想
理论教育导刊》2011 年 9 期。

［99］ 张耀灿、曹清燕：《建国以来高校思想政治理论课教学测评的
发展历程》，《思想政治教育研究》2009 年 6 期。

［100］ 张耀灿：《改革开放 30 年与思想政治教育学科建设》，《思想
政治教育研究》2008 年第 24 期第 5 版。

［101］ 张柱华：《创新思想政治教育专业实践教育体系的若干思考》，
《榆林学院学报》2010 年第 5 期。

［102］ 郑惠坚：《高校"两课"教材建设的回顾与思考》，《思想理论
教育导刊》1999 年第 1 期。

［103］ 郑秋菊、李占宣：《浅论高校如何培养创新型人才》，《科技创
新与应用》2012 年第 2 期。

［104］ 郑世冰、曾令辉、罗永仕：《实践性教学模式是提高思想政治
教育专业学生实践能力的有效途径》，《广西教育学院学报》
2012 年第 3 期。

［105］ 郑永廷：《思想政治教育学科的创立与发展》，《学校党建与思
想教育》2009 年第 1 期。

［106］ 钟华、范虹：《目前高校思想政治教育专业实践教学存在的问
题及对策》，《云梦学刊》2012 年第 4 期。

［107］ 周春哗、王樱霏：《以人为本：高校思想政治教育专业教学内
容改单的核心》，《湖北成人教育学院学报》2010 年第 6 期。

［108］ 周笑妮、朱江：《试论大学生创新能力培养的研究》，《企业家
天地》（理论版）2010 年第 12 期。

［109］ 朱君强：《关于高校创新人才培养的思考》，《陕西师范大学学
报》（哲学社会科学版）2007 年第 1 期。

三　学位论文

［1］ 常雪：《思想政治教育专业硕士研究生创新能力培养研究》，东
北大学，2014 年。

［2］ 陈菲儿：《思想政治教师专业素质及提升策略探究》，陕西师范
大学，2013 年。

[3] 陈艳红：《思想政治教育与通识教育结合刍论》，复旦大学，2009 年。

[4] 樊洪奎：《大学生思想政治教育方法创新研究》，山东师范大学，2007 年。

[5] 刘国凤：《当代思想政治教育专业本科生激励教育问题研究》，东北师范大学，2006 年。

[6] 刘历历：《思想政治教育专业本科教学改革研究》，曲阜师范大学，2014 年。

[7] 史娟红：《思想政治教育专业本科生研究性学习研究》，广州大学，2008 年。

[8] 宋俊成：《高校思想政治教育学科建设研究——以学科政策内容分析为视角》，大连理工大学，2015 年。

[9] 苏梓梁：《创新型人才培养与我国大学制度研究》，郑州大学，2015 年。

[10] 涂娟娟：《我国高水平大学培养本科创新型人才研究》，武汉理工大学，2009 年。

[11] 王桂菊：《改革开放以来思想政治教育学科发展研究》，南开大学，2013 年。

[12] 王欢：《高师思想政治教育专业的课程结构优化研究》，西南大学，2007 年。

[13] 王周星：《思想政治教育专业研究生实践能力培养研究》，长沙理工大学，2014 年。

[14] 许敏妮：《创新型人才培养理念下的高校考试与评价制度改革研究》，福建师范大学，2008 年。

[15] 杨清涵：《论高校创新型人才培养的现状及对策》，四川师范大学，2009 年。

[16] 赵敏：《新媒体视阈中的大学生道德教育创新研究》，山东大学，2012 年。

[17] 周娟：《批判性思维与创新型人才培养研究》，江西师范大学，2013 年。

［18］邹晓雪：《创新型城市的创新型人才队伍建设研究》，合肥工业
大学，2013 年。

四　其他文献

［1］中华人民共和国教育部：《关于进一步加强高校马克思主义理论
学科建设的意见》，http：//www. moe. gov. cn/publicfileslbusiness/
htmlfiles/moe/A22zcwj/201206/xxgk - 138058. html，2012 年 6 月
6 日。

［2］《关于印发高等学校思想政治理论课建设标准的通知》，中华人
民共和国教育部，http：//www. moe. edu. cn/publicfiles/business/
htmlfiles/moe//moe_ 772/2011/02/xxgk_ 114966. html，2011 年 1
月 9 日。

［3］胡锦涛：《在全国宣传思想工作会议上的讲话》，《人民日报》
2003 年 12 月 8 日。

［4］隋笑飞：《花繁枝秀香已馥，潮平风正扬帆时——马克思主义理
论研究和建设工程重点教材综述》，《人民日报》2012 年 4 月
6 日。

［5］习近平：《胸怀大局把握大势着眼大事努力把宣传思想工作做得
更好》，人民网，http：//politics. people. com. cn/n/2013/0821/
c1024 - 22635998. html，2013 年 8 月 21 日。

［6］中共中央文献研究室编：《十二大以来重要文献选编》，人民出
版社，1988 年。

附　　录

附表 1　　　　　　　　　　**创新型人才评价指标体系**

一级指标	二级指标	解释与说明
基本素质	思想品德	思想品质：政治立场、遵纪守法、思想信念、价值观
		职业道德：工作态度、团队精神
	认知水平	语言表达：口头表达能力
		文字水平：有书面语言正确、生动形象的表达思维，传播、交流信息，记事状物的综合能力
		认识能力：知识更新能力，探索未知精神与能力
	创新思维	活跃的思维，丰富的想象力，敢于突破陈规，勇于探索与实践，科学精神，人文精神
知识技能	知识结构	专业基本知识：基础知识、理论、技巧的掌握
		知识面广度：一些自然科学和社会科学的基本知识
	各种技能	工作能力：解决实际问题的能力，组织协调能力
		科研能力：科学技术研究能力
		沟通技巧：掌握人与人之间信息交流技能的能力

附表 2　　　　　　　　　　**促进创新能力的主要环境因素**

环境分类	环境文化因素
硬环境	实验设备、图书资料等硬件优越、充分
	物质条件优越，奖学金高，有明显的发展机会
	校园自然景观环境弘扬历史，且熏陶人格

续表

环境分类	环境文化因素
软环境	学科信息化程度高，学生易获取新信息和学术动向
	自由、宽松、包容的学术争鸣气氛
	民主的学习气氛，学生间相互取长补短
	因材施教，尊重个性的环境
	学生生源多样化，学生具有多学科或跨学科的背景
	教师（导师）具有创新能力和开放意识
	不同导师之间的研究生经常相互交流，参与对方的各类学术活动
	培养模式和组织灵活，服务周到，管理科学
	经常组织学术报告，请学术界和社会各界人士座谈
	经常对创新成果进行物质奖励和精神奖励

附表 3　思想政治教育专业创新型本科人才培养质量评价指标体系

目标层	准则层	指标层
思想政治教育专业创新型本科人才培养质量	创新培养体系建设	创新人才培养规划
		创新培养经费投资
		创新基地建设
	专业教师素质	教师创新精神
		教学科研成果
		教师专业素养
		职业道德水平
	学生素质能力	心理素质
		身体素质
		思想素质
		道德素质
	学生知识水平	基础知识水平
		专业知识水平
		交叉知识水平
		创新知识水平

续表

目标层	准则层	指标层
思想政治教育专业创新型本科人才培养质量	学生创新能力	创新意识
		创新思维
		创新技能
		社会实践能力
		实践创新成果
		课外创新活动
	用人单位评价	毕业生实践创新能力
		毕业生基础理论水平
		毕业生工作业绩